Handbuch
Körpersprache

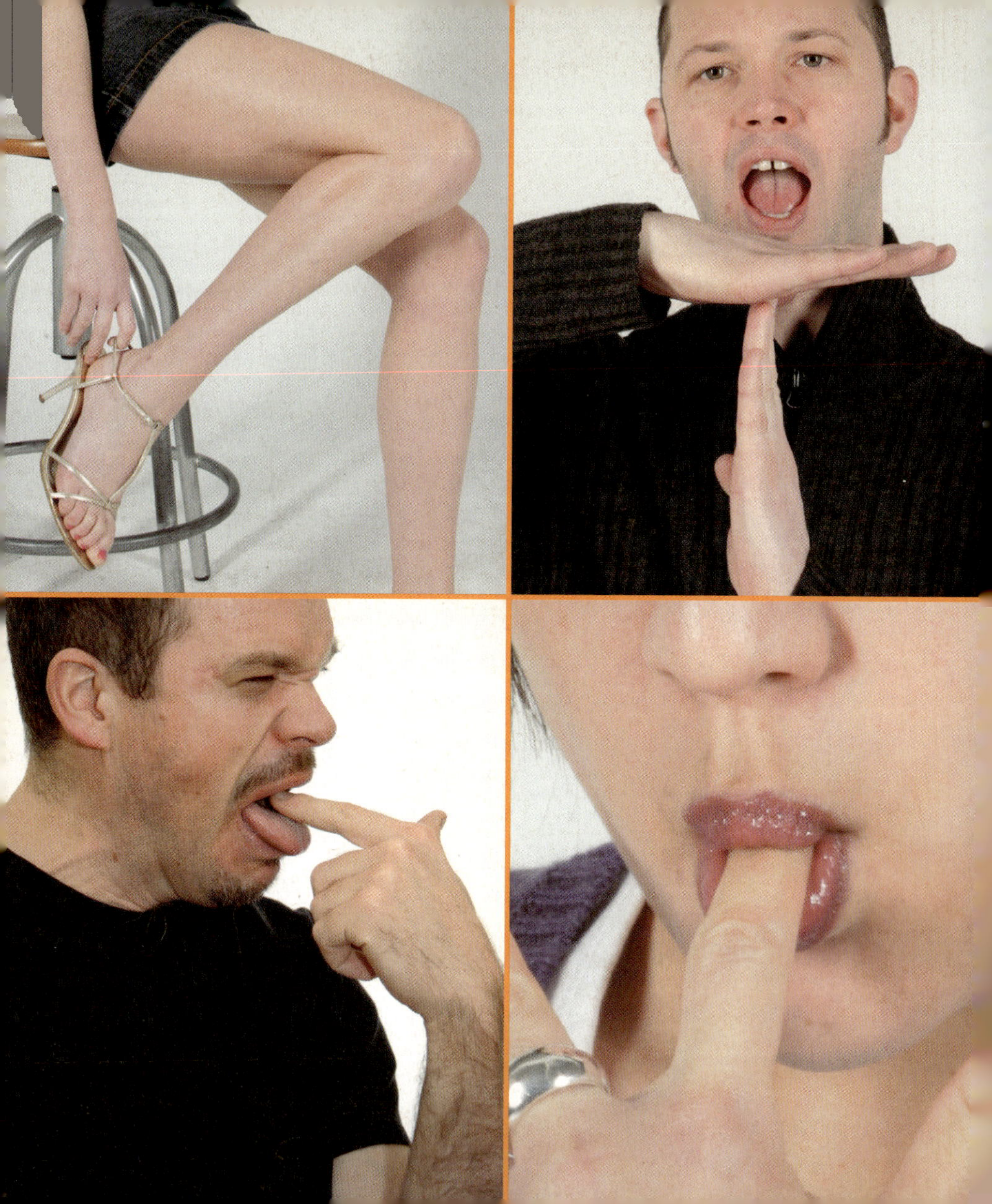

Handbuch

Körpersprache

Nick Marshallsay

area

Nick Marshallsay: Handbuch Körpersprache

First published in Great Britain in 2005 by Collins and Brown
An imprint of Anova Books Company Limited,
151 Freston Road,
London, W10 6th

Titel der englischen Originalausgabe:
The Body Language Phrasebook. 500 Ways to Read the Signs

Übersetzung aus dem Englischen: Anke Wellner-Kempf, Jetzendorf
Lektorat und Satz: schroeder & partner, München
Einbandgestaltung: Oliver Wirth, Paderborn
Einbandabbildungen aus dem Innenteil des Werkes
Printed in Slovakia 2006

ISBN-13 978-3-89996-788-3
ISBN-10 3-89996-788-7

www.area-verlag.de

Inhalt

Einführung

Die Bedeutung der Körpersprache und der nonverbalen Kommunikation ist nicht zu unterschätzen und bietet, bewusst eingesetzt, faszinierende Möglichkeiten. Wer ihre Bedeutung kennt, lernt andere zu verstehen und kann seine Wirkung auf Dritte besser einschätzen.

Wir alle verfügen – mehr oder weniger ausgeprägt – über die Fähigkeit zu spüren, was uns jemand, jenseits der Worte, mitteilen möchte. Wir sammeln nicht nur aus der Stimme und den Worten unseres Gesprächspartners Informationen, sondern darüber hinaus aus Gesten, Körperhaltung, Blickkontakt und Augenbewegung. Diese Hinweise werden im folgenden Text Signale genannt. Jedoch: Ein einzelnes Signal lässt selten, wenn überhaupt, eindeutige Schlüsse zu. Denn ein Signal kann viele Bedeutungen haben. Dieses Buch stellt in den meisten Fällen nur eine mögliche Deutung in den Mittelpunkt.

Wir Menschen wünschen uns eine Anleitung, um andere mittels Körpersprache zu „lesen", jemanden zu verführen, etwas zu verkaufen oder einen Lügner zu identifizieren. Doch bei der Deutung von Körpersprache ist Vorsicht geboten. Beachten Sie bei der Lektüre daher die folgenden fünf goldenen Regeln.

Die fünf goldenen Regeln zur Körpersprache und zur Verwendung des „Handbuchs Körpersprache":

1 Deuten Sie niemals ein isoliertes Signal. Eine erhobene Faust ist beispielsweise in der Regel ein Zeichen der Aggression, wird sie jedoch von Lächeln und Augenzwinkern begleitet, muss sie ganz anders interpretiert werden. Achten Sie auf mehrere Signale, die in dieselbe

Richtung weisen. Je mehr Signale übereinstimmen, desto eher lassen sie auf die tatsächliche Bedeutung schließen.

2 Bedenken Sie stets den kulturellen Kontext: Ein Kreiszeichen aus Daumen und Zeigefinger kann in den USA „O.K." bedeuten, in manchen Teilen Europas hat es jedoch eine obszöne Bedeutung! Ziehen Sie auch in Betracht, dass Menschen aus anderen Kulturen eventuell ihre Körpersprache an ihre Umgebung anpassen, um Differenzen auszugleichen.

3 Dieses Handbuch geht auch auf regionale Besonderheiten ein: Neben den universellen Signalen werden Gesten erklärt, die hier zu Lande immer stärker Verbreitung finden, und die im englischsprachigen Raum – USA, Großbritannien, Irland und Australien – ihren Ursprung haben.

4 Berücksichtigen Sie immer die äußeren Umstände eines Signals: Schwitzt jemand, könnte dies ein Hinweis darauf sein, dass er lügt – vielleicht ist es an jenem Tag aber einfach nur drückend heiß!

5 Was wir senden und was wir empfangen – die Wahrnehmung ist die Realität der Kommunikation. Manche wehren sich gegen das Deuten von Körpersprache mit Aussagen wie: „Meine Arme sind verschränkt, weil ich mich wohl fühle, nicht, weil ich mich verteidigen möchte." Stellen Sie sich jedoch vor, wie diese Geste auf Ihren Gesprächspartner wirkt. Wenn dieser die verschränkten Arme als Abwehr interpretiert, so ist es das, was Sie kommuniziert haben.

Gesten sagen mehr als Worte –

Die Macht der Gebärden

DIE NONVERBALE KOMMUNIKATION IST OFT ENTSCHEIDENDER ALS DAS GESPROCHENE WORT.

Kein Wunder, dass der Mensch zahlreiche Gesten entwickelt hat, um seine Botschaften zu unterstreichen. Die Gesten im folgenden Kapitel gehören zur bewusst eingesetzten Körpersprache – gerade hier sind die kulturellen Unterschiede besonders groß.

OHNE WORTE ... MIMISCHE GESTEN

BEI MIMISCHEN GESTEN INTERAGIEREN UNSERE HÄNDE MIT IMAGINÄREN OBJEKTEN ODER PERSONEN. MANCHMAL BRAUCHEN WIR GAR NICHTS ZU SAGEN – UNSERE GESTEN SPRECHEN FÜR SICH.

1 Die Rechnung, bitte!

Mit dieser Geste deutet man dem Kellner über Lärm und größere Distanz hinweg an, dass man bezahlen möchte.

Schnitt 2

Der angedeutete Schnitt durch die Kehle ist nicht immer bedrohlich gemeint. Meist zeigt er das Ende einer Aktivität an – bei einem Filmregisseur etwa das Ende einer Einstellung.

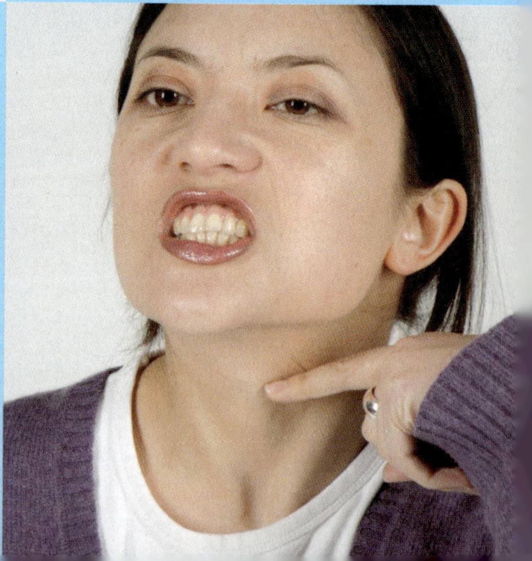

3 Auch ein Bier?

Sie blicken in einer vollen Bar über den langen Tresen hinweg zu Ihrem Freund und wissen, dass er Sie nicht hört. Mit dieser Handhaltung, hochgezogenen Augenbrauen und leicht erhobenem Kopf fragen Sie, ob er auch ein Bier haben möchte.

Wie bitte? 4

Ob in einem lauten Fitnessclub, einem lärmenden Nachtclub oder um ein flüsterndes Kind aufzufordern, lauter zu sprechen – diese Geste wird sofort verstanden. Ungewiss ist, ob sie hilft, das Gesagte besser zu verstehen!

5 Peng

Zeigefinger und Daumen deuten eine Pistole an, wie beim Cowboy-und-Indianer-Spiel. Als Erwachsener mag man auf Klatschbasen zielen oder auf jemanden, der gefeuert wird.

Blablabla, alles nur Gerede 6

… und es steckt nichts dahinter. Sie haben es schon tausendmal gehört, aber es bleibt alles beim Alten. Zeigen Sie Ihr Missfallen, indem Sie den redenden Mund mit Ihrer Hand imitieren.

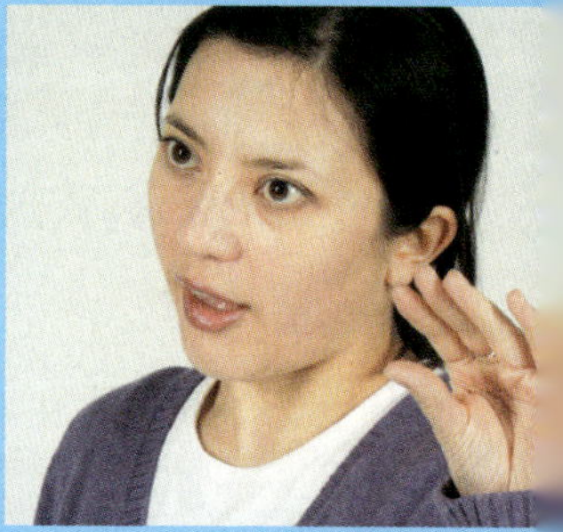

7 Wo ist es?

Den übertriebenen Gesten in einem Stummfilm vergleichbar, zeigen Sie mit der Hand als Schirm über Ihren Augen, dass Sie etwas suchen.

8

Bettzeit

Bring mich nach Hause, ich bin müde und will schlafen. Eine einfache Art, ohne Worte zu sagen, dass man zu Bett gehen möchte.

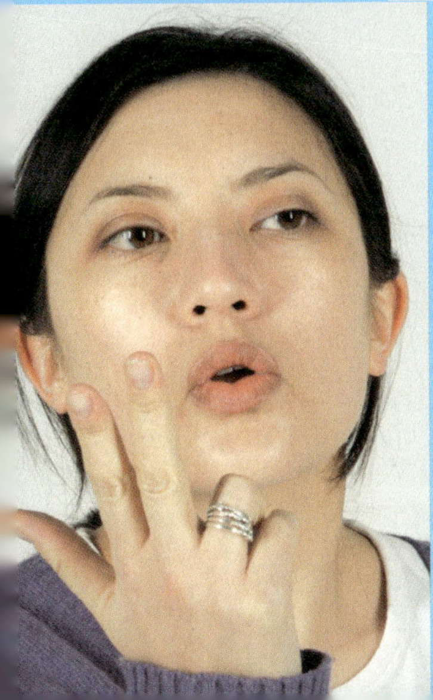

9 Besorg mir eine Zigarette

Sie stehen in einer vollen Bar, und Ihre Freundin legt Zeige- und Mittelfinger an den Mund, nimmt einen Zug und hebt die Augenbrauen. Dies ist kein nikotinfreier Trick, sondern die Bitte an Sie, ein Päckchen Zigaretten zu kaufen, damit Ihre Freundin ihren wertvollen Sitzplatz nicht verlassen muss.

Puh! 10

Glück gehabt! Meist zeigt diese Geste, dass man Ärger knapp entronnen ist und sich den Angstschweiß von der Stirn wischt.

11 Ich würge ihn!

Natürlich nur als Geste deuten wir an, jemanden zu würgen, um unserer großen Wut auf diese Person Ausdruck zu verleihen.

12

So ein Gestank

Halten wir uns die Nase zu, um zu verhindern, dass uns ein schlechter Geruch in die Nase dringt, bedeutet dies einfach: Es stinkt! Oft verzieht man dabei das Gesicht, um Missfallen oder Ekel auszudrücken.

13

Das macht mich krank

Wenn etwas widerlich ist oder unseren größten Widerwillen erregt, geben wir vor, uns zum Erbrechen zu bringen, indem wir uns den Zeigefinger in den Rachen stecken.

14

Telefon!

Mit dem Daumen am Ohr und dem kleinen Finger am Mund zeigen wir jemandem, dass er am Telefon gewünscht wird.

15

Sollen wir etwas essen?

Diese universelle Geste kann bedeuten, dass Sie hungrig sind oder dass Sie mit jemandem Essen gehen möchten.

HINWEISSIGNALE ... HIERHER UND DORTHIN

JEMANDEM MITZUTEILEN, WOHIN ER GEHEN SOLL, IST MIT GESTEN EINFACHER ALS MIT WORTEN. RICHTUNGEN LASSEN SICH MIT ZEICHEN EINDEUTIGER ANGEBEN.

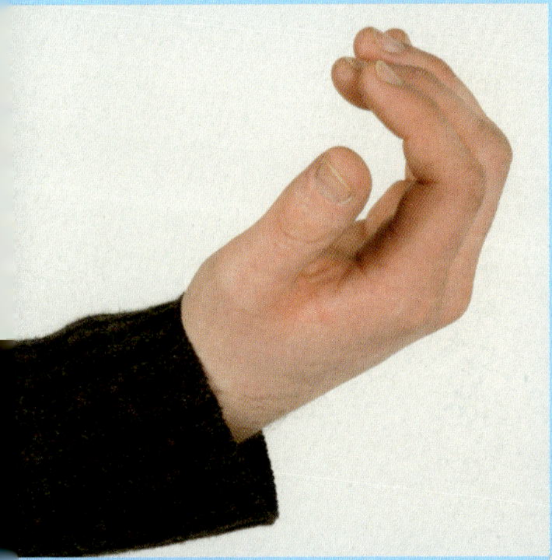

16

Komm hierher

Bei der Standardgeste, mit der wir jemanden herbeizitieren, der sich etwas ansehen oder sich einer Sache anschließen soll, werden die Finger eingerollt.

17

Komm her, Kleiner

Kinder werden oft mit dem einzelnen Zeigefinger herbeigerufen. Die Geste hat ein sarkastisches oder bedrohliches Element. Man denke an die böse Hexe in dem Märchen „Hänsel und Gretel".

18 Herkommen

Jemanden mit dem Kopf herbeizuwinken zeigt ein gewisses Maß an Überlegenheit oder Verachtung, da die Person sich nicht die Mühe macht, die Hände einzusetzen.

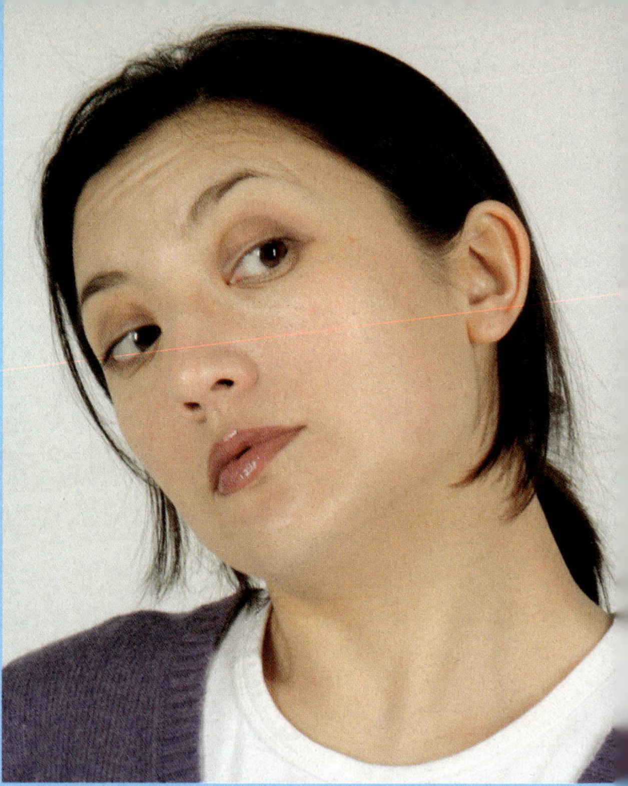

!

Unsere Hände führen ein Eigenleben: Meist ist uns nicht bewusst, wie sehr wir während des Sprechens gestikulieren, aber wir wissen, dass wir überzeugender, interessanter und dynamischer wirken, wenn unsere Hände unsere Worte unterstreichen. Selbst wenn uns niemand direkt gegenübersteht, sind unsere Hände in Aktion. Beobachten Sie einmal jemanden, der ein emotionsgeladenes Telefonat führt. Obwohl der Gesprächspartner seine Hände nicht sehen kann, bewegen sie sich heftig.

Gehen wir 19

Ein Paar sitzt seit Stunden bei einer langweiligen Abendeinladung fest; er fängt ihren Blick auf und weist mit dem Scheitel Richtung Tür. Der Scheitel wird meist als gestisches Mittel eingesetzt, um eine Richtung oder Absicht anzuzeigen.

20 Vorwärts

Wenn ein Verkehrspolizist den Verkehr regelt, muss er klare Anweisungen geben, damit auf der Straße kein Chaos entsteht. Ein unmissverständliches Winken mit dem ganzen Unterarm dirigiert den Verkehr vorwärts.

21 Dort entlang

Eine Richtung wird in der Regel mit der offenen Hand angezeigt. Auf einen bestimmten Gegenstand (nicht auf eine Person, es sei denn, wir wollen sie anklagen) deuten wir mit dem Zeigefinger.

22 Raus!

Der Daumenzeig wird in der Regel angewandt, um jemanden wegzuschicken. Dies entspricht auch der Rolle des Daumens als Symbol von Macht und Autorität.

ILLUSTRIERENDE GESTEN

ILLUSTRIERENDE GESTEN SIND VISUELLE HILFEN IN DER NONVERBALEN KOMMUNIKATION. DIE HÄNDE IMITIEREN EINE HANDLUNG ZWAR NICHT EXAKT, IHRE BEWEGUNG IST ABER SEHR ANSCHAULICH – DENKEN SIE NUR AN EINEN HUNGRIGEN GAST, DER SICH IN ERWARTUNG EINES GUTEN MAHLS DEN BAUCH STREICHELT.

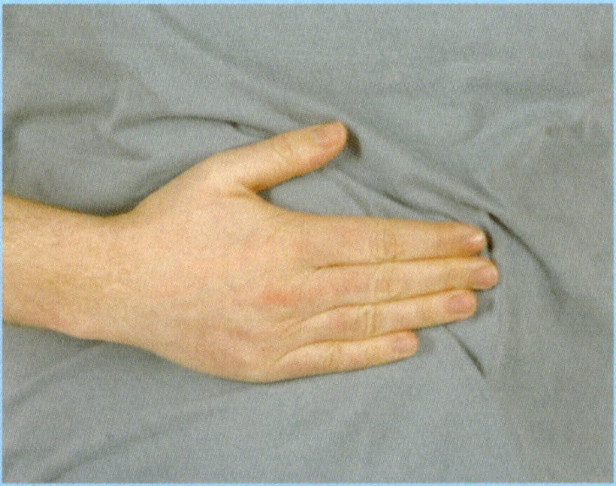

Ich bin hungrig 23

Wenn wir Hunger verspüren und uns den Bauch streicheln, geben wir ohne Worte zu verstehen, dass wir an die nächste Mahlzeit denken.

24 Sie kratzt dir die Augen aus

„Katzenhaftes" Fauchen oder zu Krallen gekrümmte Finger bedeuten dem Gegenüber, dass man ihm gerne die Augen auskratzen würde.

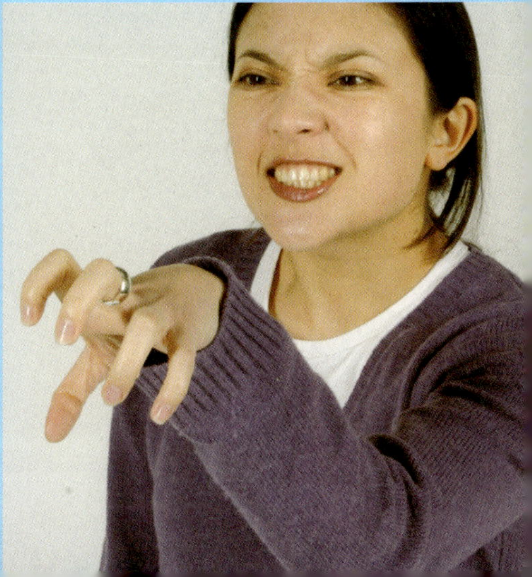

25 Mach leiser!

Wenn es zu laut ist oder Sie zeigen möchten, dass Sie gerade nicht zuhören, sagt diese Geste „Mach leiser!".

26 Danke, ich habe genug

Legt man die flache Hand auf sein Glas, zeigt man, dass man nichts mehr trinken möchte.

27 Wir müssen los

Ihre Geduld ist am Ende. Die anderen lassen auf sich warten und Sie tippen auf Ihre Uhr, um zu zeigen, dass Sie jetzt los müssen.

28 Ganz winzig klein

Die Geste veranschaulicht, wie winzig der beschriebene Gegenstand ist. Oft wird dazu der Kopf nach vorn geneigt und die Augen schielen, als müssten sie ein sehr kleines Detail erfassen.

29 Er war so groß

Jemand, der vom Angeln zurückkehrt, wird mit dieser Geste die Größe seines Beinah-Fangs in leicht übertriebener Weise darstellen. Ob exakt oder nicht, diese Geste ist eine ideale visuelle Hilfe, um Größe zu veranschaulichen.

30 Was auch immer

Eine relativ neue Geste, die aus den USA stammt. Die zu einem „W“ geformten Finger bedeuten sarkastisch: „Was auch immer du sagst, du hast Recht!“

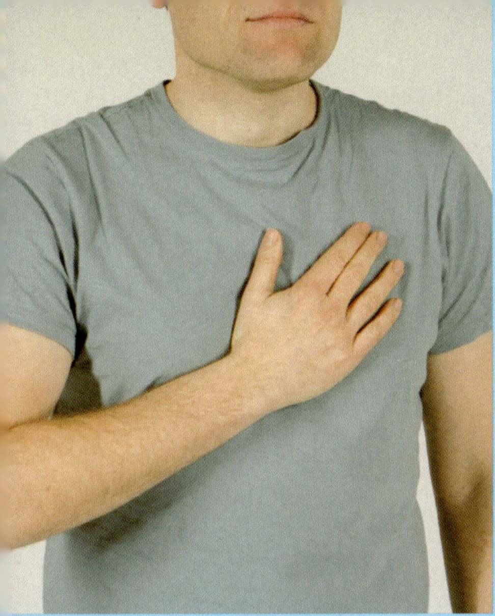

31
Von ganzem Herzen

Um zu zeigen, dass unsere Worte wahrhaftig sind, verbinden wir sie in dieser Geste physisch mit dem Herzen. Sie wurde in den USA beim Singen der Nationalhymne und beim Treueschwur auf die Flagge formalisiert.

32
Handhorn

Dies ist eine sehr vieldeutige Geste. Vorsicht in Italien: Sie zeigt einem Mann, dass seine Frau ihm Hörner aufsetzt. In der Heavy-Metal-Szene und im Satanismus ist es ein Teufelssymbol. Fans des American-Football-Teams der Universität von Texas zeigen dieses Stiersymbol.

33 Du spinnst

Tippen Sie mit dem Zeigefinger an Ihre Schläfe, bedeuten Sie Ihrem Gesprächspartner, er habe Probleme mit seinem Denkzentrum.

34 Aus meinen Augen

Wie ein Starkoch, der ein Soufflé aus nichtigem Grund in den Schweinetrog befördert, schicken Sie mit verächtlichem vertikalem Winken etwas oder jemanden außer Sichtweite.

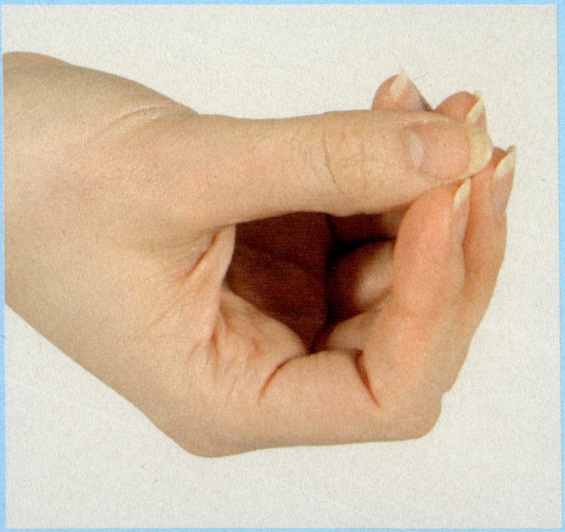

35 Gib mir Geld dafür

Dass man bekommt, was man möchte, aber dafür bezahlen muss, zeigt der Gesprächspartner, indem er die Fingerspitzen an seinem Daumen reibt.

36 Hier ist meine Visitenkarte

In Japan ist das Überreichen einer Visitenkarte (meishi) mit einem Ritual verbunden. Dazu gehört, dass man die Karte – wie in dem Bild das Buch – in Brusthöhe hält und mit Zeigefinger und Daumen beider Hände auf den Namen zeigt.

SYMBOLE

SYMBOLE SIND GESTEN ODER SIGNALE, DIE ANGEHÖRIGE EINER KULTUR VERSTEHEN. DENKEN SIE AN DAS SCHULTERZUCKEN: OHNE DASS EIN VISUELLER ZUSAMMENHANG ZU SEINER BEDEUTUNG BESTEHT, KÖNNEN WIR ES DEUTEN.

37 Ja

Das Nicken, sicherlich eine der einfachsten und universellsten Gesten, hat seine Wurzeln in einer körperlichen Erniedrigung, die dem Gesprächspartner Einverständnis, Nachgeben oder Zustimmung signalisiert.

Nein 38

… heißt es, wenn wir den Kopf schütteln. Aber warum? Einer Theorie zufolge ist es ein Relikt des Verhaltens des Säuglings, der den Kopf von der Brust der Mutter abwendet, wenn er nicht trinken möchte.

39

Hm, vielleicht

Das Wiegen der Hand hat, je nach Kontext, mehrere ähnliche Bedeutungen, von „vielleicht" über „Ich bin nicht ganz deiner Meinung" bis „vielleicht die eine Lösung, vielleicht die andere".

40

Nicht diesen Freitag, NÄCHSTEN

Durch die Visualisierung einer Zeitachse versteht Ihr Gesprächspartner, dass Ihr Finger diesen Freitag überspringt und den nächsten meint.

41

Böse, böse

Mit einem verbalen „Na, na!" und nach vorne geneigtem Nacken bewegen wir unseren Zeigefinger hin und her, um zu schelten oder zu rügen. Der Zeigefinger symbolisiert einen Stock, der dem Schuldigen droht.

42

Ich weiß es

Mit einem wissenden Lächeln und einem leichten Klopfen auf die Nase zeigt man in Großbritannien, dass man clever ist und die Situation in den Griff bekommt.

43 Keine Ahnung

Achselzucken allein zeigt schon: „Ich weiß nicht.“ Oft werden dazu die Hände erhoben und die Mundwinkel herabgezogen.

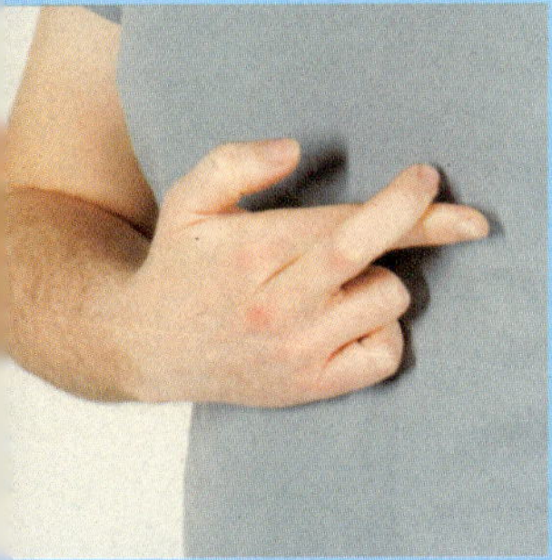

44 Gekreuzte Finger

Sie sollen uns Glück bringen. Als Kinder sollten sie uns schützen, wenn wir logen. Das Zeichen ist eine Anspielung auf das christliche Kreuz.

45 Alle Macht dem Volk

Bei dem eindrucksvollen Luft-Boxhieb wird die Faust mit Nachdruck emporgereckt. Unter Revolutionären ist die Geste als Symbol des Widerstands und des Aufruhrs verbreitet.

46 Ich schwöre bei Gott

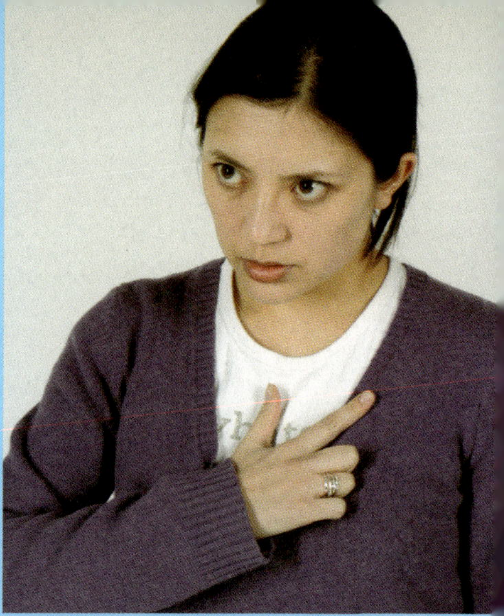

… und spreche ich nicht die Wahrheit, will ich auf der Stelle tot umfallen! Dieses Kreuz stammt vermutlich von einem alten Fluch, den man über sich selbst verhängt und der besagt, dass das Herz gevierteilt werden soll, sollte man lügen.

47 Auf Holz geklopft

„Ich musste noch nie ins Krankenhaus, toi toi toi“, sagt man und klopft dreimal auf Holz. Diese auf einen heidnischen Brauch zurückgehende Geste verbindet die magische Zahl Drei, der positive Kräfte zugeschrieben werden, mit einem Geräusch, das böse Geister vertreiben soll.

48 Im Namen des Vaters, des Sohnes und des Heiligen Geistes

Sich zu bekreuzigen ist ein Jahrhunderte alter Brauch, bei dem man mit den Fingern der rechten Hand die Stirn, die Brust und anschließend erst die linke und dann die rechte Schulter berührt.

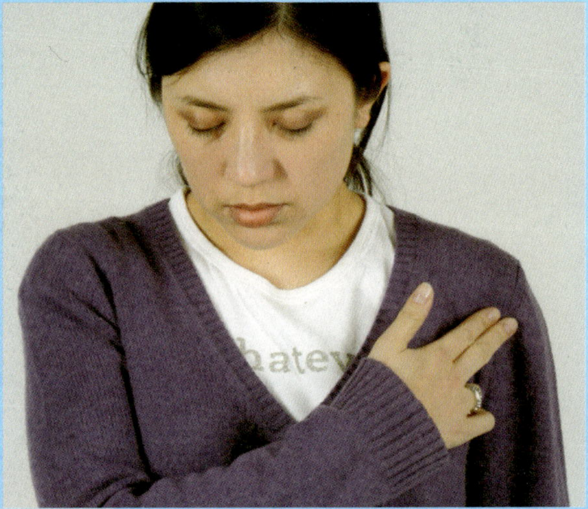

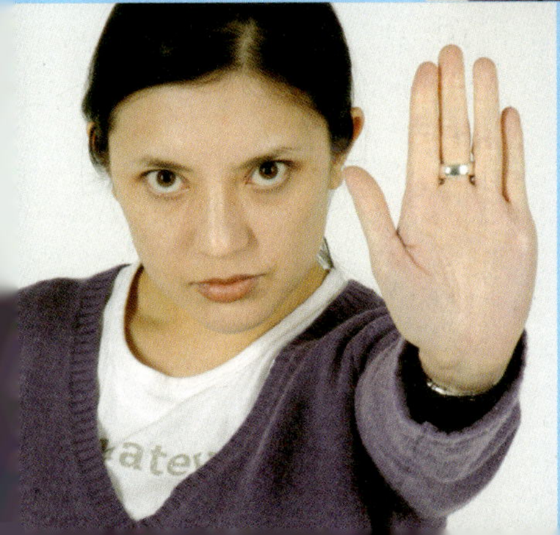

Halt 49

Der Polizist mitten auf der Straßenkreuzung zeigt Ihnen mit ausgestrecktem Arm und vertikal erhobener Hand unmissverständlich, dass Sie hier keinesfalls weiterfahren können.

50 Pause

Dieses Zeichen stammt aus dem nordamerikanischen Sport: Es fordert ein „Time-out“, eine Pause. Als solches trifft man es inzwischen auch in anderen Zusammenhängen an.

51 Der Sieg ist unser

Berühmt gemacht durch Winston Churchill im Zweiten Weltkrieg, ist dieses Zeichen heute weltweit verbreitet und steht für den Kampf um den Sieg. In den 1960er-Jahren wurde es auch zum Symbol für Frieden.

52

Nimm mich mit

Wer Sie so am Straßenrand stehen sieht, versteht, dass Sie mitgenommen werden möchten. Aufgepasst, in manchen Mittelmeerregionen gilt diese Geste als obszön!

53

Ergebnis: negativ

Der nach unten weisende Daumen steht heutzutage für ein negatives Ergebnis. Für die Gladiatoren im antiken Rom hatte er schlimme Konsequenzen: Senkte das Publikum den Daumen, signalisierte es dem überlegenen Gladiator, sein Schwert in das vor ihm liegende Opfer zu stoßen.

54

Ergebnis: positiv

Steht der nach unten weisende Daumen für eine verlorene „Schlacht“, zeigt der Daumen nach oben, dass alles gut verlaufen ist.

Okay 55

Die Daumen-Zeigefinger-Berührung kann zweierlei bedeuten. Achten Sie auf den Gesichtsausdruck. Mit einem Lächeln meint das Zeichen, alles ist gut oder in Ordnung. Mit einem traurigen oder enttäuschten Blick bedeutet es: „eine dicke, fette Null“. Aber Achtung: In manchen Ländern hat das Zeichen auch eine obszöne Konnotation!

56 Unter dem Pantoffel

Wenn eine Männerrunde sich über einen Freund lustig macht, weil dieser sich dem Wunsch seiner Frau oder Freundin beugt, wird er mit dieser Geste beschuldigt, „unter dem Pantoffel" seiner Partnerin zu stehen.

57 Ja, richtig

Wir spielen Ernsthaftigkeit vor, erlauben uns aber tatsächlich einen Spaß. Diese Mimik geht darauf zurück, dass man sich auf die Zunge beißt, um ein Lachen zu unterdrücken.

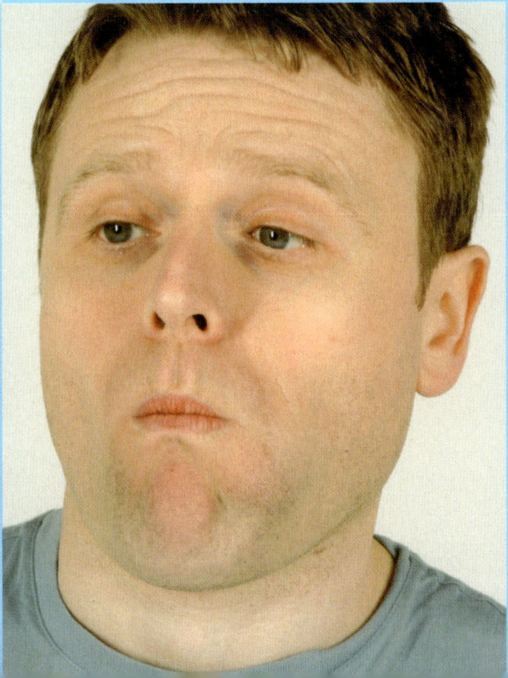

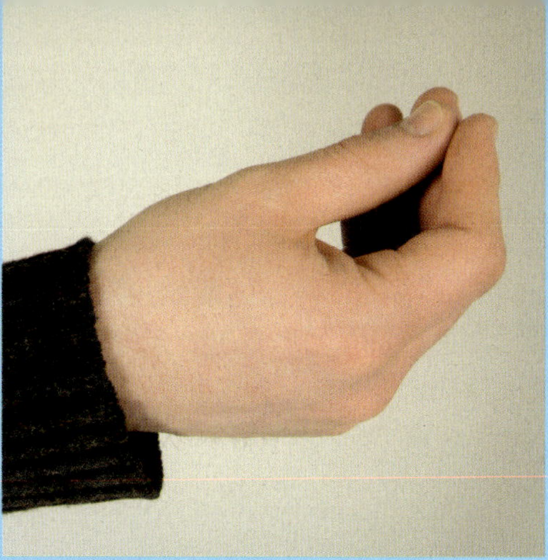

58

Ich hab's

Fingerschnippen: Sie haben eine brilliante Idee oder Ihnen fällt etwas wieder ein, das Sie vergessen hatten – heureka!

59

Köstlich

Gleich einem Italiener, der die Tomatensauce seiner Mamma kostet, zeigt man durch Küssen und Wegziehen der Fingerspitzen, dass man die größte Delikatesse gekostet hat.

GESTEN DER ÖFFENTLICHEN REDE

POLITIKER KENNEN DIE BEDEUTUNG DER GESTEN BEI EINER ÖFFENTLICHEN REDE, UND OFT GENUG WIRKT IHRE GESTIK EINSTUDIERT. SELBST IN EINEM ALLTÄGLICHEN GESPRÄCH MIT FREUNDEN UNTERSTREICHEN UNSERE HÄNDE DEN RHYTHMUS UNSERER WORTE, MANCHMAL ABSICHTLICH, MEIST ABER UNBEWUSST.

Ich habe nichts zu verbergen

60

Mit den ausgestreckten Handflächen appelliert der Redner an die Zuhörer, bittet um ihre Unterstützung und zeigt, dass er nichts zu verbergen hat.

61

Dies habe ich erreicht und ich halte es fest

Die geschlossene, nach oben zeigende Faust symbolisiert ein Ziel, das man erreicht hat. Dass der Redner sie vor den Körper hält, zeigt, dass er Herausforderungen und Rückschlägen widersteht, um daran festzuhalten.

62 Ich gehe den Mittelweg

Die weiche Faust mit dem auf den Zeigefinger gelegten Daumen vermittelt weder die Stärke und Autorität einer geballten Faust noch das Zuhörende der offenen Hand. Ein solcher Redner sucht den Mittelweg.

63 Ich werde die Gelegenheit beim Schopf packen

… um meine Vision wahr zu machen. Mit dem Intentions-Kraftgriff packt der Redner metaphorisch eine Zukunftsvision mit den Händen. Man stelle sich einen Politiker vor, der ein Ziel formuliert, dessen Realisierung er anstrebt.

64 Ich will, dass wir uns verstehen und verbünden

Wie Wurzeln streckt der Redner seine Hände dem Publikum entgegen und versucht dadurch, mit ihm Kontakt aufzunehmen, Distanz abzubauen und sich ihm physisch anzunähern.

65 Ich werde diese Hürden beseitigen

Der Handhieb reißt symbolisch Hindernisse und Barrieren nieder, die dem angestrebten Ziel im Weg stehen.

66

Es genügt

Mit dieser Geste versucht der Redner dem Ansturm von Worten aus dem Publikum Einhalt zu gebieten. Er hat genug gehört und möchte nun Stellung nehmen.

67

So ist und bleibt es

Gesten, bei denen die Handfläche nach unten zeigt, werden im Allgemeinen mit Autorität und Führungsverhalten in Verbindung gebracht. Der Redner wünscht vom Publikum über das Zuhören hinaus keine weitere Beteiligung.

Lasst euch für meine Ideen gewinnen

68

Durch die symbolische Umarmung soll das Publikum für den Redner gewonnen werden. Es soll in die Herde integriert werden, sodass es den schützenden kollektiven Einfluss des Redners und seiner Ideen spüren kann.

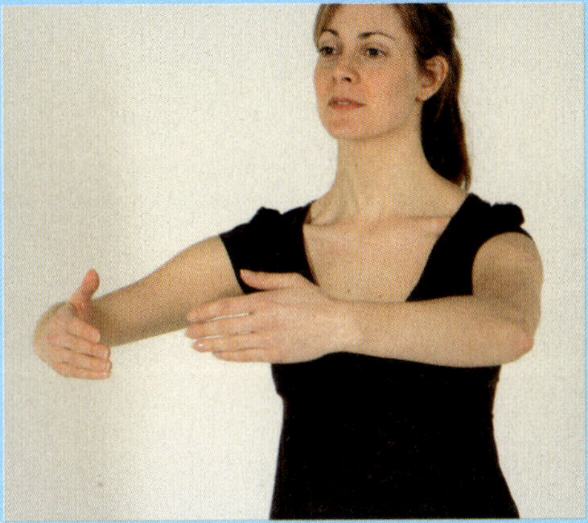

69

Wir wollen uns einander annähern

Wenn Redner und Publikum verschiedene Standpunkte einnehmen, versucht diese Geste, die Distanz zwischen den beiden Ansichten physisch zu überbrücken.

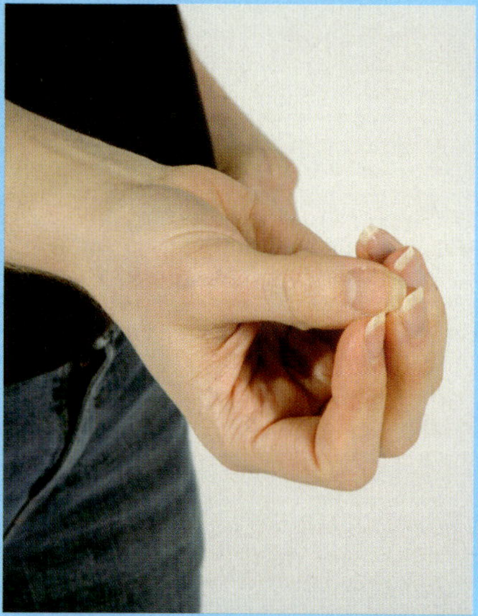

70

Ich lasse größte Sorgfalt walten

Mit dem Präzisionsgriff unterstreicht der Redner, dass er auf kleinste Details achtet und man darauf vertrauen kann, dass er es 100-prozentig richtig macht.

71

Höre zu oder du wirst bestraft

Der Zeigefinger wird hoch erhoben, wie ein Stock. Möglicherweise will er den Zuhörern drohen oder die Wirkung der Worte und die Folgen ihrer Missachtung unterstreichen.

72

Mann, ich mein' es so

Rapper heben gern mit Daumen und Zeigefinger den Rhythmus ihres Songs hervor und verstärken dadurch die Wirkung jedes Verses. Die Geste wirkt auch wie die Metapher für eine Pistole.

! **Um Ihre Zuhörer von Ihrer Sache zu überzeugen, sollten Sie viel gestikulieren! Häufige und ausdrucksvolle Gesten vermitteln den Eindruck von Engagement und Enthusiasmus. Selbst wenn jemand die Worte äußert „Das glaube ich wirklich" oder „Ich bin so aufgeregt", verraten leblose Hände, dass eigentlich das Gegenteil der Fall ist – zumindest erwecken sie diesen Eindruck.**

2

Guten Tag, auf Wiedersehen!

WIE WIR UNS BEGRÜSSEN UND VONEINANDER ABSCHIED NEHMEN,

sagt eine Menge über unsere Empfindungen füreinander, unsere Beziehung zueinander und über unseren Status aus. Lernen wir jemanden neu kennen, entsteht der erste Eindruck aufgrund dessen, was wir sehen, hören und fühlen.

AUF SICH AUFMERKSAM MACHEN

WENN WIR EINEN BEKANNTEN ERBLICKEN, WOLLEN WIR SEINE AUFMERKSAMKEIT ERREGEN, IHM ZEIGEN, DASS WIR IHN GESEHEN HABEN UND IHM MIT EINER GESTE ZU VERSTEHEN GEBEN: „ICH ÜBERBRÜCKE DIE DISTANZ ZWISCHEN UNS.“

73 Ich sehe dich

Wenn wir mit anderen in Blickkontakt treten, möchten wir auch die körperliche Distanz verringern, indem wir uns in ihre Richtung strecken. Die offene Handfläche beweist, dass wir keine Waffe mit uns führen. Die Geste ist das Gegenteil einer Faust.

Komm in meine Arme 74

Begrüßt man jemanden mit geöffneten Armen, bemüht man sich, die Distanz abzubauen. Der exponierte geöffnete Körper lädt die andere Person in eine Umarmung ein.

75 Danke, liebe Untertanen

Die Königin von England ist möglicherweise die einzige Person, die mit dem Handrücken winkt. Die Geste symbolisiert Autorität und Führung, wie sie nur einem Monarchen zukommen. Wer sonst würde ernsthaft mit dieser Geste winken?

76 Soldatischer Gruß

Der militärische Gruß ist eine ritualisierte Ehrerbietung gegenüber einem ranghöheren Offizier. Die Geste wird auf das Mittelalter zurückgeführt, als ein Ritter sein Visier öffnen musste, um sich zu erkennen zu geben. Es handelt sich jedoch wohl eher um ein formalisiertes Grüßen oder Anerkennen eines Vorgesetzten.

77 Ich sende dir einen Kuss

Wenn wir eine Distanz nicht physisch überbrücken können, tun wir es symbolisch, indem wir einen Kuss durch die Luft schicken – zum Beispiel, wenn wir jemanden in der Abflughalle verabschieden oder wenn ein Star auf einem schillernden Festival seine Fans vom roten Teppich aus grüßt.

78 Willkommen

Ob wir uns dessen bewusst sind oder nicht, wenn wir jemanden begrüßen, heben wir ganz kurz die Augenbrauen. Achten Sie nächstes Mal darauf …

79 Klopf, klopf

Die Tür steht offen, dennoch klopfen Sie an. Warum? Wenn wir anklopfen und auf Antwort warten, treffen wir in der Regel auf eine ranghöhere Person, haben nicht das Recht, in das fremde Territorium einzudringen oder fühlen uns zumindest nicht dazu berechtigt.

80 Danke für den Applaus

Früher lüftete der Herr seinen Hut, wenn er eine Dame begrüßte. Heute sieht man diese Geste fast nur noch, wenn ein Künstler oder Sportler sich bei seinem Publikum für den Applaus bedankt.

81 Deins ist auch meins

Das Büro eines Gleichgestellten oder Rangniederen betreten wir ohne Bedenken. Wir verletzen dessen Territorium, ohne uns darüber Gedanken zu machen.

82 Verzeihen Sie die Störung

Manche Menschen sind so zurückhaltend, dass sie ohne anzuklopfen an der Tür verharren, um eine höher gestellte Person nicht zu stören. Bestenfalls scharren sie mit den Füßen oder räuspern sich, um auf sich aufmerksam zu machen. Sie scheuen sich, fremdes Territorium ohne Aufforderung zu betreten.

BEGEGNEN UND BEGRÜSSEN

DIE KÖRPERSPRACHE SPIELT EINE WICHTIGE ROLLE BEI DER BEGRÜSSUNG. DAS REPERTOIRE REICHT VON DER STRENG FORMALISIERTEN VERBEUGUNG BIS ZU LÄSSIGEN, ABER EBENSO RITUALISIERTEN BEGRÜSSUNGEN DER POPKULTUR.

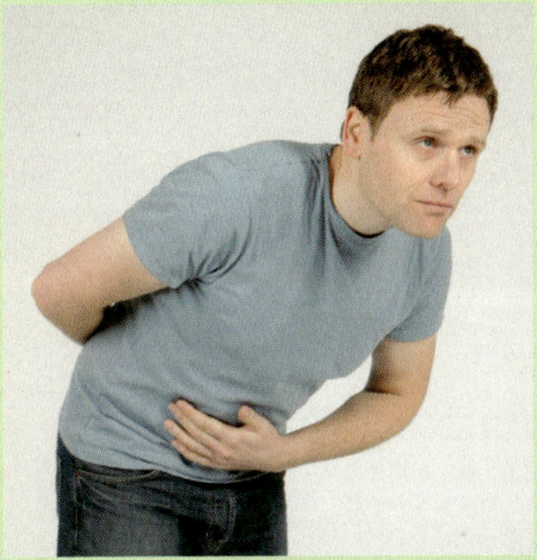

83 Es ist mir eine Ehre

Heutzutage bringen wir Verbeugungen entweder mit asiatischer Kultur oder mit extrem formellen Kreisen wie dem europäischen Hochadel in Verbindung. Wir werden uns wohl kaum jemals verbeugen, außer wenn wir Theater spielen oder vielleicht ironisch im Scherz.

84 Euer Hoheit

Wie die Verbeugung ist auch der Knicks heute ein Anachronismus. Diese Form der körperlichen Erniedrigung trifft man immer noch an, wo die alte Etikette eine Rolle spielt, wie bei Staatsempfängen in Gegenwart von Monarchen und bei höfischen Tänzen.

85 Aufstehen lohnt nicht

Jemanden sitzend begrüßen: Wenn Sie sitzen bleiben, während Ihnen eine Person vorgestellt wird, die steht, handelt es sich entweder um ein extrem entspanntes Umfeld oder die andere Person ist in Ihren Augen nicht die Mühe wert aufzustehen.

86 Ich bin der Stärkere und gebe hier den Ton an

Der schmerzhafte Händedruck: Wir alle kennen ihn, meist von Männern in vorgerücktem Alter, denen Macho-Allüren anerzogen wurden … wer am kräftigsten die Hand drückt, kann sich am besten durchsetzen. Heute erweckt man damit eher den Eindruck, man bediene sich gerne brutaler Mittel.

Ich übernehme hier die Führung

87

Lassen Sie Ihre Hand so in die Ihres Gegenübers gleiten, dass Sie Ihren Handrücken nach oben, den des anderen aber nach unten drehen, wirkt dies sehr „herablassend". Metaphorisch möchten Sie die „Oberhand" behalten. Tun Sie das auf keinen Fall.

Ich geben Ihnen nur sehr ungern die Hand

88

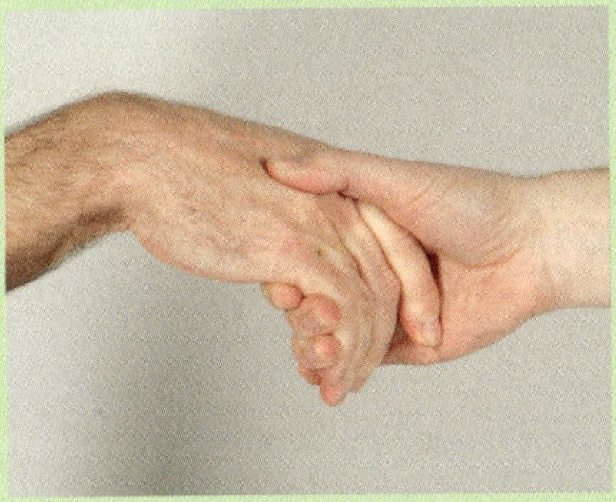

Urteilen Sie nicht voreilig über einen sehr schlaffen Händedruck; vielleicht gibt es einen medizinischen Grund dafür. Wenn nicht, ist diese Person sicher dankbar für einen freundlichen Rat. Sagen sie ihr, wie unangenehm ein schwacher Händedruck auf andere wirkt.

89

Tut mir Leid, dass Sie mich kennen lernen

Lehnt man sich in den Händedruck, ist das eine Art körperlicher Erniedrigung, fast eine Miniverbeugung. Bleiben Sie aufrecht, um diesen Akt der Unterwerfung zu vermeiden.

Guten Tag

90

Der Knochenbrecher-Handschlag ist Vergangenheit. Heute ist ein fester Händedruck mit einem für beide angenehmen Augenkontakt die korrekte Art, einen Fremden freundlich und selbstsicher zu begrüßen. Ohne jeglichen weiteren Körperkontakt ist dies die formellste der in den westlichen Ländern üblichen Begrüßungen.

91 Ich bin sehr erfreut, Sie zu sehen

Der erste Schritt, die Formalität des Händedrucks zu verringern, erfolgt durch die Zuhilfenahme der linken Hand. Jede zusätzliche Demonstration von Intimität muss sehr vorsichtig ausgeübt werden, sonst empfindet die andere Person sie als gekünstelt oder als zu familiär.

92 Dies ist für mich mehr als eine rein formale Geschäftsbeziehung

Nach dem Händeschütteln und dem Auflegen der linken Hand erhöht sich die Intimität der Begrüßung in dem Maße, in welchem die linke Hand höher auf den Arm des Begrüßten gelegt wird.

93 Ich unterstütze Sie

Wenn es angebracht ist, kann man bei einem Handschlag die zweite Hand unter den Ellbogen legen und signalisieren, dass man den Begrüßten unterstützt.

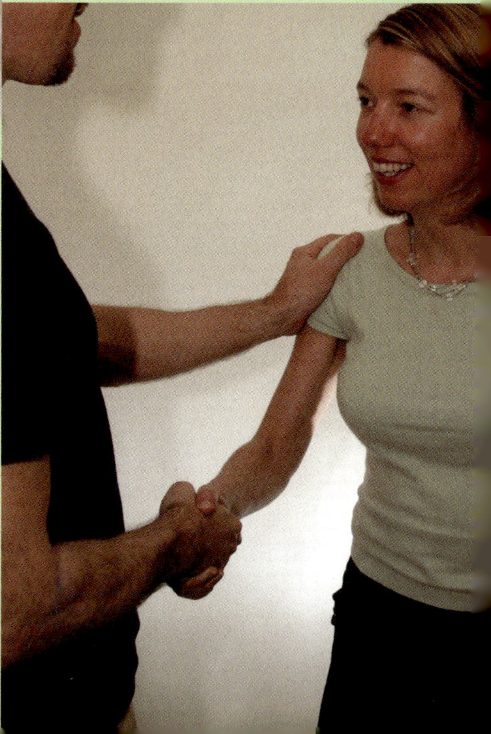

94 Ich freue mich, Sie hier zu haben

Hier liegt die linke Hand dem verletzlichen Kopf am nächsten und berührt den Körper an der Schulter. Diese Haltung vermittelt dem Gespächspartner Fürsorge und Schutz.

95 Schön, Sie zu sehen

Der Arm wird dem anderen fürsorglich um die Schulter gelegt und bietet väterlichen Schutz, während sich die Gesichter vertraulich annähern.

96 Großartig, dass du da bist

Bei der intimsten Handschlag-Begrüßung werden nicht nur die Hände geschüttelt, die gleichzeitige Umarmung stellt den maximalen Körperkontakt her. Sie soll Wärme und Sympathie vermitteln, ob echt oder vorgespielt.

97 Sei gegrüßt

Der Kuss auf den Mund ist für die Kinder und den Partner reserviert; in jeder anderen Situation ist er unangebracht. Ihm am nächsten kommt der Wangenkuss, normalerweise rechts.

98 Hallo, Liebling

Welche Wange wird zuerst geküsst, wenn es zwei Küsse werden sollen? Es gibt keine Regel, tun Sie einfach, wonach Ihnen ist. Der beidseitige Wangenkuss ist in Europa üblicher als in den USA.

99 Großartig, dich zu sehen

Der dreifache Wangenkuss ist beispielsweise in Frankreich üblich. Auf manche wirkt er übertrieben dramatisch und ist bei Menschen beliebt, die den großen Auftritt mögen.

100 Schön, dass du da bist

Der Kuss in die Luft entstand aus dem zunehmend ritualisierten Wangenkuss und wird in etwas Abstand zur Wange ausgeführt. Dies kann, um die Theatralik zu erhöhen, mit einem übertriebenen Kussgeräusch untermalt werden.

101 Ich freue mich …

Eine Umarmung zur Begrüßung unter Freunden reicht bis zur Taille herab, aber nicht tiefer … alles andere wäre unangemessen.

102 Komm an mein Herz

Die Umarmung mit dem ganzen Körper ist die intimste Begrüßung. Hier findet der umfassendste Körperkontakt statt, der den Intimbereich einschließt.

103 Bleib locker

Diese Geste stammt aus Hawaii, wo sie die entspannte Lebenseinstellung symbolisiert, die man auf den Pazifikinseln antrifft. Sie ist besonders unter Surfern verbreitet.

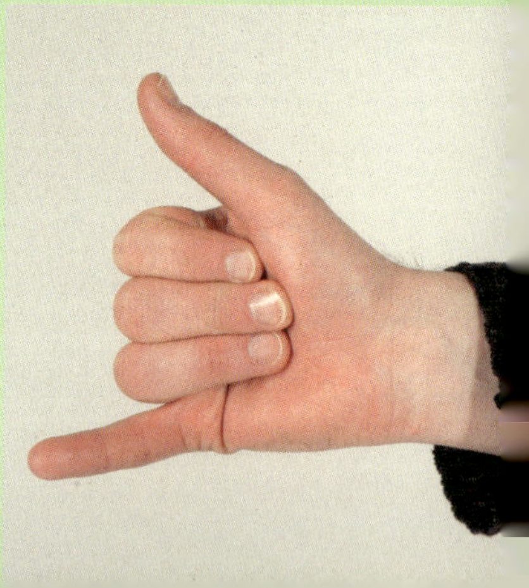

104

Jo, Mann, schlag ein

Eine typisch amerikanische Geste, bei der man die geöffneten Handflächen aneinanderschlägt. Dies kann als Begrüßungs- oder als Gratulationsgeste gemeint sein. Als Begrüßung kann dem Handschlag eine sehr komplizierte und ausgefeilte Abfolge von Bewegungen folgen.

105

Jo

Besonders in schwarzen Kulturen ist es üblich, die geballten Fäuste aneinander zu drücken, anstatt sich mit einem Handschlag zu begrüßen.

HÖFLICHKEIT UND ETIKETTE

HEUTE GEHT ES VIEL UNGEZWUNGENER ZU ALS NOCH VOR EINER GENERATION UND DIE FORMLOSIGKEIT WIRD MEIST ZUR NORM. OBWOHL WIR NICHT MEHR NACH BENIMMREGELN LEBEN, FOLGEN WIR MEIST EINEM UNGESCHRIEBENEN KODEX AUS ALLGEMEIN AKZEPTIERTEM BEZIEHUNGSWEISE KORREKTEM VERHALTEN.

Bitte sehr 106

Einer Frau die Tür offen zu halten, gehörte früher zum guten Ton. Heute ist diese Geste eher eine Ausnahme, bei der einer Frau besondere Achtung entgegengebracht wird.

107 Nach Ihnen

Früher gehörte es sich, dass eine Dame oder eine Person höheren Standes zuerst durch die Tür ging. Die höher stehende Person geht auch heute noch voraus. Einer kleineren Person können Sie aber den Vortritt lassen, da es verunsichernd ist, jemand Größerem zu folgen.

108 Darf ich Ihnen aus dem Mantel helfen?

Unter gleichberechtigten Geschäftsleuten ist es unüblich, dass ein Mann einer Frau aus dem Mantel hilft. Im privaten Umfeld erweist sich ein Mann durch diese Geste als sehr zuvorkommend und gibt der Frau ein Gefühl von Geborgenheit.

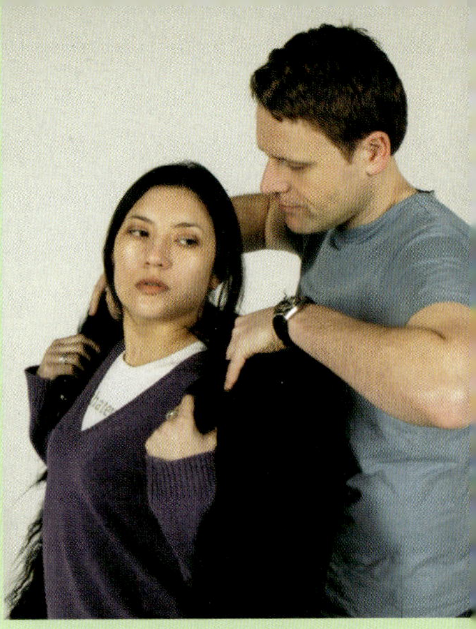

Nehmen Sie Platz 109

Früher war es üblich, anderen Personen einen Platz anzubieten. Insbesondere Männer überließen Frauen, Älteren oder Personen von höherem Rang ihren Sitzplatz. Heute wird meist nur noch schwangeren Frauen und älteren Personen im privaten Bereich oder in den öffentlichen Verkehrsmitteln ein Platz angeboten.

110

Bitte bleib sitzen

Wer sitzt zuerst: Traditionell setzt sich die Person von höherem Rang zuerst. Da die Umgangsformen in Arbeit und Gesellschaft jedoch lockerer geworden sind, spielt diese Regel heute fast keine Rolle mehr.

!

Wenn Menschen in einer Gruppe zusammen sind, besonders mit Menschen, die sie mögen, spiegeln sie häufig ihre Körpersprache und andere Aspekte der Kommunikation. Sie können dies ausprobieren, indem Sie etwa in einem öffentlichen Verkehrsmittel gähnen – es wird nicht lange dauern, bis Mitfahrer ebenfalls gähnen. Wenn wir andere imitieren (jedoch nicht exakt!), vermitteln wir ihnen das Gefühl, dass wir ihnen ähnlich sind. Das schafft Zuneigung.

AUF WIEDERSEHEN

WIE SEHR WIR EINE PERSON MÖGEN ODER RESPEKTIEREN, ZEIGT DER AUFWAND, DEN WIR BETREIBEN, UM SIE ZU VERABSCHIEDEN ODER UM DEN KONTAKT ZU IHR ZU VERLÄNGERN.

111 Danke für Ihre Zeit

Einen Raum rückwärts zu verlassen und sich dabei zu bemühen, den Augenkontakt aufrecht zu erhalten und dem anderen nicht den Rücken zuzukehren, zeugt von großem Respekt gegenüber dem Zurückbleibenden.

112 Sie finden allein hinaus

Sitzen zu bleiben, wenn jemand hinausgeht, kann bedeuten, dass man seinem Besucher nicht ausreichend Respekt oder Fürsorge entgegenbringt, um ihn hinauszugeleiten, oder man betrachtet ihn als von geringerem Status. In einem betont lässigen und formlosen Umfeld kann es aber auch ganz normal und ohne Bedeutung sein.

113 Schade, dass du gehst

Maximale Achtung oder Fürsorge bringt man seinem Besucher entgegen, wenn man ihn beim Abschied zur Tür geleitet. Noch fürsorglicher wirkt es, wenn der Gastgeber dem Gast beim Abschied nachblickt, so als wolle er ihn noch ein wenig begleiten.

114 Tschüs

Eine Winkbewegung von rechts nach links ist die häufigste Art, zum Abschied zu winken. Auch bei dieser Geste wird die Handfläche dargeboten. Können Sie sich vorstellen, mit dem Handrücken zu winken?

115

Wieder-sehen

Kinder winken oft mit einer vertikalen Handbewegung. Männer tun dies selten, da diese Andeutung eines schwachen Handgelenks sehr feminin wirkt.

Warum nonverbale Kommunikation so wichtig ist: Professor Albert Mehrabian hat Experimente durchgeführt, die darauf hindeuten, dass Worte nur sieben Prozent der gesamten Kommunikation ausmachen. Die restlichen 93 Prozent werden nonverbal vermittelt: über Mimik und Körpersprache.

Gut oder schlecht, glücklich oder trist

DIE HOCHGEZOGENEN MUNDWINKEL EINES LÄCHELNS

oder die herabgezogenen des Missfallens sind die eindeutigsten Zeichen dafür, ob wir etwas mögen oder nicht. Doch die nonverbale Kommunikation hat noch mehr zu bieten. Auch mittels Gesten, Körperhaltung und -bewegung zeigen wir, wie uns etwas gefällt.

ES GEFÄLLT MIR

GLÜCK, WOHLGEFALLEN UND FREUDE, HIER SEHEN SIE, WIE WIR SIE AUSDRÜCKEN.

116 Ich bin glücklich

Ein echtes Lächeln erkennt man ganz einfach daran, in welchem Maße die Muskeln um die Augen an diesem Lächeln beteiligt sind.

117 Bravo

Das Händeklatschen ist als Zeichen der Wertschätzung fast universell verbreitet. In Kulturen, in denen es geschlechtsspezifische Unterschiede gibt, klatschen die Frauen üblicherweise mit „Bethänden", indem sie beide Hände symmetrisch aufeinander zu bewegen. Die Männer dagegen klatschen häufiger mit der „Handgriff"-Position, bei der sich die Hände in einem Winkel von 90 Grad zueinander bewegen.

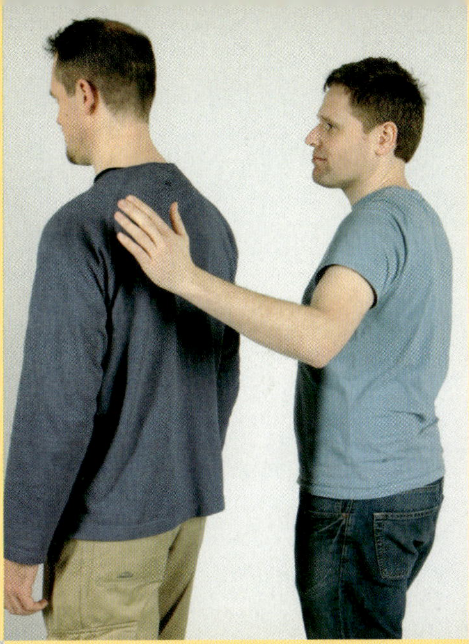

118 Gut gemacht

Ein freundschaftlicher Klaps auf den Rücken ist unter Männern ein übliches Zeichen der Anerkennung. Bei etwas förmlicheren Sportarten wie Cricket gratuliert man mit dieser Geste.

119 Tolle Leistung

Wenn größere Intimität und engerer Körperkontakt wie eine Umarmung unangebracht sind und eine korrekte männliche Distanz gewahrt bleiben soll, ist ein etwas stärkerer Klaps auf den Rücken die richtige Geste, um jemandem für eine herausragende Leistung zu gratulieren.

120 Menschenskind

In der Vergangenheit galten Zeichen von Zuneigung und Nähe zwischen Männern als verpönt. Anstelle einer Umarmung, die als unmännlich angesehen wurde, war die männlichere Lösung eine angetäuschte Boxbewegung gegen die Schulter des anderen.

121 Jawohl!

Die Siegerfaust, die man heute häufig auf dem Tennisplatz sieht, ist ein reines Zeichen der Aggression, das sich auf die natürliche Waffe des Mannes, seine Faust, konzentriert. Das berühmte Foto von Muhammed Ali, der über dem besiegten Sonny Liston steht und seine Faust reckt, ist ein typisches Beispiel dafür.

122 Juhuu!

Mit dieser Körperhaltung drücken etwa Athleten ihre Freude über einen Sieg aus. Der Freudensprung gibt einer einzelnen Person die Möglichkeit, sich über die unterlegenen Rivalen zu erheben.

123 Nimm das

Fällt im Fußball ein Tor, feiern die Fans dies gerne mit einem Boxhieb in die Luft. Er drückt Aggression oder einen K.o.-Schlag aus.

124 Klasse

Diese Geste – zwei ineinander verschränkte Hände, die demonstrativ geschüttelt werden – stammt ursprünglich aus einer Tanzbewegung und wurde zu einer Ausdrucksform der Begeisterung.

125 Jaaaaaaa!

Die Arme vor Freude in die Luft recken: Bei vielen Gesten, die Begeisterung ausdrücken, wird der Körper in die Länge gestreckt. Dadurch nimmt die Person ihre maximale Größe ein und stellt ihre Dominanz zur Schau.

126 Das alles wird mir gehören

Wenn Sie langsam Ihre Hände im rechten Winkel zueinander reiben, zeigen Sie, dass Sie erwarten, persönlich von einer Sache zu profitieren – vielleicht sogar auf Kosten eines anderen. Bestes Beispiel ist Gollum in „Der Herr der Ringe", wenn er an seinen Ring, seinen „Schatz", denkt.

127 Oha!

Der Überraschungspfiff: Sie haben gerade erfahren, dass Sie eine ziemlich große Geldsumme geerbt haben; mit weit geöffneten Augen lassen Sie einen langen Pfiff ertönen und nicken dabei langsam.

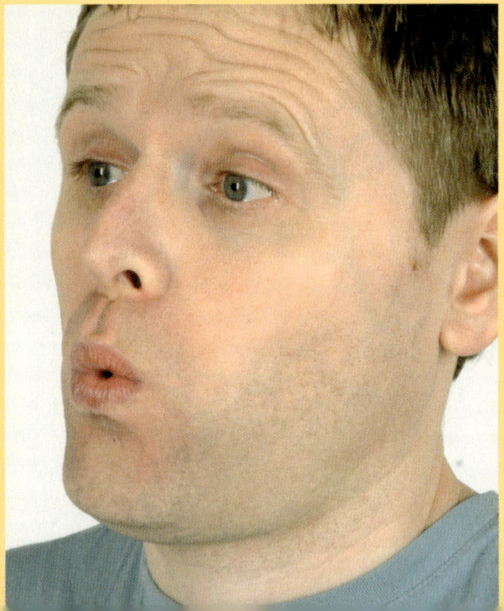

ES GEFÄLLT MIR NICHT

MISSFALLEN, ANGST, EKEL ODER TRAURIGKEIT … SIE WERDEN DURCH ETWAS VERURSACHT, DAS WIR NICHT MÖGEN.

Ich bin traurig 128

Wie das übertriebene Make-up eines Zirkusclowns signalisieren heruntergezogene Mundwinkel, dass wir traurig sind. Das ist wenig überraschend, handelt es sich doch um ein auf den Kopf gestelltes Lächeln.

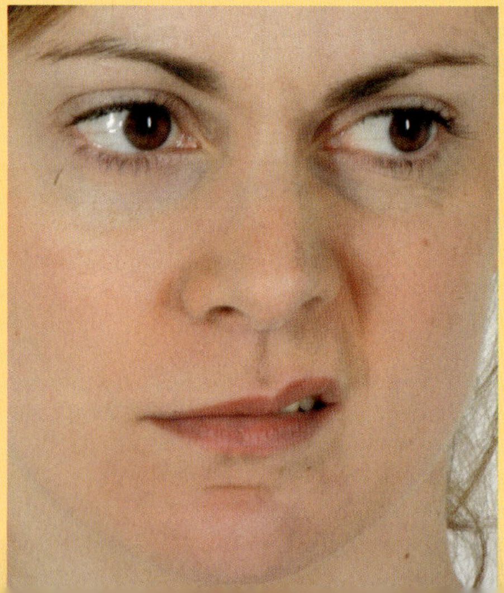

129 Grrrrrrr

Die hochgezogene Oberlippe zeigt Missfallen oder Ekel und ist die reduzierte Mimik eines angriffslustigen Tieres, das als Zeichen der Aggression seine Zähne entblößt.

130 Igitt

Wir zeigen Ekel oder Missfallen durch Kräuseln der Nase. Es scheint, als wollten wir unsere Nase von dem unangenehm riechenden Gegenstand zurückzuziehen.

131 Verspannt

Eine vollkommen symmetrische Körperhaltung wirkt sehr angespannt. Ihr Gegenüber wird den Eindruck gewinnen, dass Sie sich in Ihrer Situation äußerst unwohl fühlen.

132 Ach, toll

Ein schiefes Lächeln geht oft mit einer gehörigen Portion Ironie einher. Es macht deutlich, dass wir unzufrieden oder verärgert sind. Mit dem erzwungenen, sarkastischen Lächeln geben wir zu verstehen, dass wir uns nur äußerst ungern in eine aufgezwungene Situation fügen.

133 Wie komme ich hier raus?

Reibt man sich mit der flachen Hand den Nacken, bedrückt uns eine Sorge. Verzweifelt suchen wir einen Ausweg aus einer misslichen Lage.

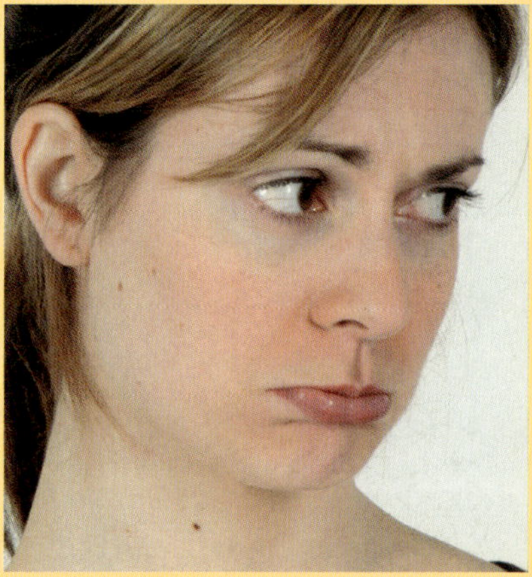

134 Hab Mitleid mit mir

Kinder setzen den Schmollmund ein, um zu bekommen, was sie wollen. Diese Mimik löst unseren Beschützerinstinkt aus. Im Gegensatz zu den wütend aufeinander gepressten Lippen handelt es sich beim Schmollmund um eine natürliche Unterwerfungsreaktion.

135 Ich breche in Tränen aus

Bebende Lippen gehen oft Tränen voraus. Sie sind das Gegenteil des harten Mundes, der Aggression und Gewalt ausdrückt.

136 Huhuu

Liebe und Hass liegen nah beieinander, und Glückstränen ähneln den Tränen der Trauer; man denke an die Goldmedaillengewinner, die schluchzend auf dem olympischen Treppchen stehen, oder an ein in Tränen aufgelöstes Kinopublikum.

137 Oh, nein

Wenn die Dinge für uns richtig schlecht laufen, versuchen wir, die Welt physisch auszublenden. Wir schlagen die Hände vor das Gesicht, um uns vor der Ursache unseres Schmerzes zu schützen.

VERÄRGERUNG

WÄHREND TRAURIGKEIT EIN GEWISSER GRAD AN PASSIVITÄT INNEWOHNT, IST ÄRGER EINE VIEL AKTIVERE EMOTION.

138 Ich bin verärgert

Gesicht und Blick sind nach vorn gerichtet, die Lippen werden fest aufeinander gepresst und die Nasenflügel weiten sich. Gleichzeitig erhöht sich der Puls.

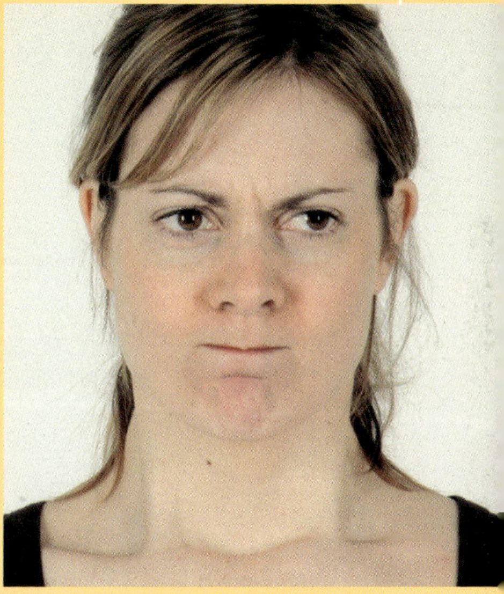

139 Ich bin so wütend

Es gibt Situationen, in denen wir auf uns oder jemand anderen sehr wütend sind, ohne die Situation ändern zu können. Stattdessen müssen wir den Ärger an uns selbst auslassen, und sei es nur, dass wir uns auf die Lippe beißen.

140 Ah!

Sich mit dem Handballen auf die Stirn zu schlagen, ist eine Form der Selbstbestrafung. Wenn wir wissen, dass wir etwas Dummes getan haben und ganz allein dafür verantwortlich sind, wendet sich unser Ärger gegen uns selbst.

141 Wie war ich doch dumm!

Manchmal ärgert man sich über etwas, das man selbst verschuldet hat – um noch etwas zu ändern, ist es jetzt zu spät. Indem man sich die Haare rauf, macht man seinem Ärger Luft.

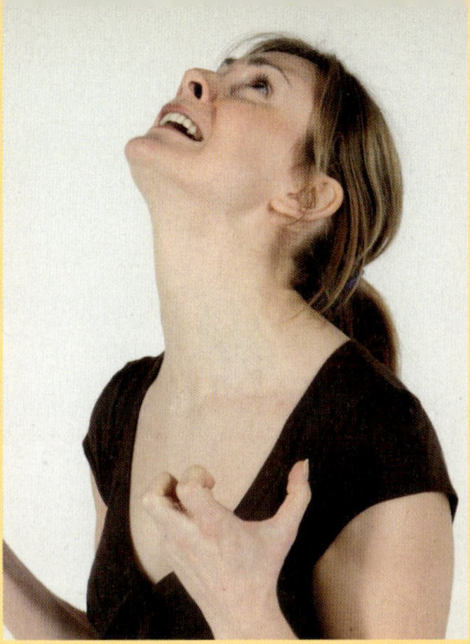

142

Ich glaub's nicht

Während ein Nicken Zustimmung signalisiert, geben wir unserem Unwillen Ausdruck, indem wir den Kopf in den Nacken werfen. Aus Zorn oder Verzweiflung wenden wir unseren Blick in einer dramatischen Geste zum Himmel.

143

Das verdient nicht einmal Verachtung

Wenn wir verächtlich blicken, entblößen wir die Zähne, als wollten wir zubeißen. Oft ziehen wir gleichzeitig den Kopf leicht nach hinten.

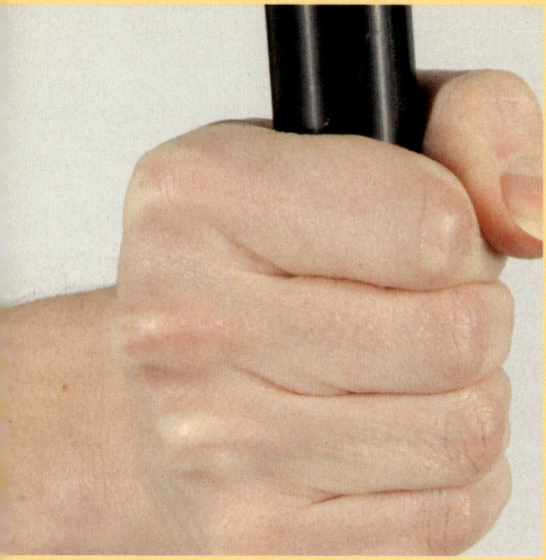

144

Ich bin so wütend

Ein Paar fährt mit dem Auto in Urlaub, einer fährt, der andere liest die Karte … und beide haben die Orientierung verloren. Mit der Zeit wird der Griff des Fahrers um das Lenkrad sichtlich verkrampfter …

145

Ich gehe

Hinausstürmen: Wenn manche Menschen eine explosive Situation nicht länger ertragen können, stürmen sie theatralisch aus dem Raum. Als Verhandlungstaktik kann das Verhalten auch inszeniert sein. Zu Hause knallt dann meist noch eine Tür.

MIT MIMIK UND GESTIK KÖNNEN WIR ZEIGEN: WIR BEHALTEN ETWAS FÜR UNS ODER TEILEN UNSER WISSEN NUR MIT UNSEREN ENGSTEN VERTRAUTEN.

146 Zwischen dir und mir

Was vom Theater als „Beiseite-Sprechen" bekannt ist, praktizieren wir, um jemandem etwas zuzuflüstern.

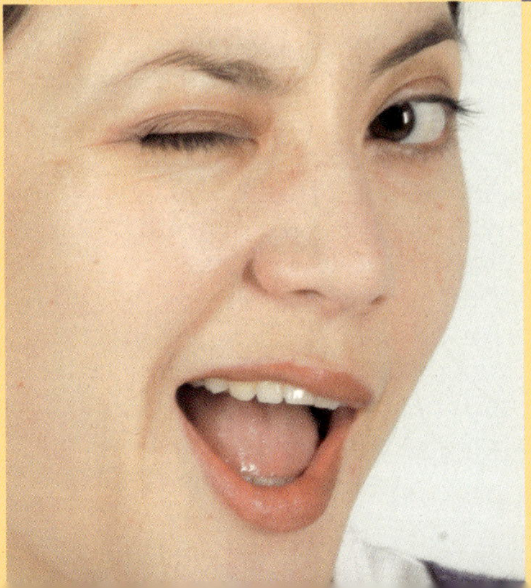

147 Unser Geheimnis

Ein Augenzwinkern wird häufig von einem kleinen Lächeln begleitet. Ein gemeinsamer oder heimlicher Scherz unterstreicht die Nähe zweier Menschen. Die Beteiligten erinnert das diskrete Vergnügen an kindliche Vertrautheit.

148

Ich weiß es

Da werden Erinnerungen an die Schulzeit wach: Bänke, die in Reihen angeordnet sind, vorne die Tafel und Schüler, die ein Diktat schreiben. Dass nur ja der Nachbar nicht abschreibt!

!

Nähe: der Verstärker für Gefühle. Wir alle legen Wert auf unsere Intimsphäre. Wann immer möglich, vergrößern wir sie – zum Beispiel, wenn wir uns im Bus in eine leere Sitzreihe setzen. In überfüllten Räumen können unsere Emotionen, Tieren gleich, bei Anlässen entgleisen, die uns normalerweise nicht aus der Ruhe gebracht hätten. Beobachten Sie einmal, wie angespannt die Stimmung ist, wenn Sie das nächste Mal in einer überfüllten U-Bahn sitzen.

149

Schon gehört ...?

Wenn wir jemandem ins Ohr flüstern, geben wir ein Geheimnis weiter, das kein anderer kennen soll. Wir nähern uns unserem Vertrauten und stellen eine physische Brücke zu ihm her.

150

Stups stups, zwinker zwinker

Das kennen wir aus dem klassischen Monty-Python-Sketch: Ein Stups mit dem Ellbogen und der wissende Blick sollen den Komplizen ermuntern, eine Gelegenheit beim Schopf zu packen. Der Widerstrebende wird mehr oder weniger sanft dazu bewegt, zur Tat zu schreiten.

4 Kampf oder Flucht

WENN EINE GEFAHR UNS BEDROHT,

stellt der Körper durch Freisetzen von Adrenalin auf „Kampf oder Flucht“ um. Dies versetzt ihn in die Lage, sich entweder freizukämpfen oder den schnellen Rückzug anzutreten – Reaktionen, die das Überleben der Menschheit sicherten.

AGGRESSION UND ANGRIFF

GLÜCKLICHERWEISE SIND DIE MEISTEN VON UNS IM ALLTAG NUR SELTEN KÖRPERLICHEN AUSEINANDERSETZUNGEN MIT ANDEREN AUSGESETZT. DIE ANGRIFFSINSTINKTE SIND JEDOCH NACH WIE VOR VORHANDEN, AUCH WENN SIE SICH OFT AUF ANDERE WEISE ZEIGEN ALS IN EINER ATTACKE DES GEGNERS.

151 Ich greife an

Signalisiert ein Gesicht Angriff, sind die Gesichtszüge provokant ganz nach vorne fokussiert und vermitteln den Eindruck von Furchtlosigkeit. Die Lippen können hochgezogen sein, um die Zähne zu entblößen.

152 Verdammt!

Aggression und Wut können umgeleitet und gegen unbelebte Gegenstände gerichtet werden – beispielsweise indem man auf einen Tisch schlägt.

153 Was schaust du?

Das Anheben des Kinns, eine typischer Ausdruck von Aggression, bringt uns mit unserem Gegner auf Augenhöhe. Furchtlos wird die Kehle exponiert. Für Dominanzverhalten bezeichnend, erscheinen wir dadurch auch größer.

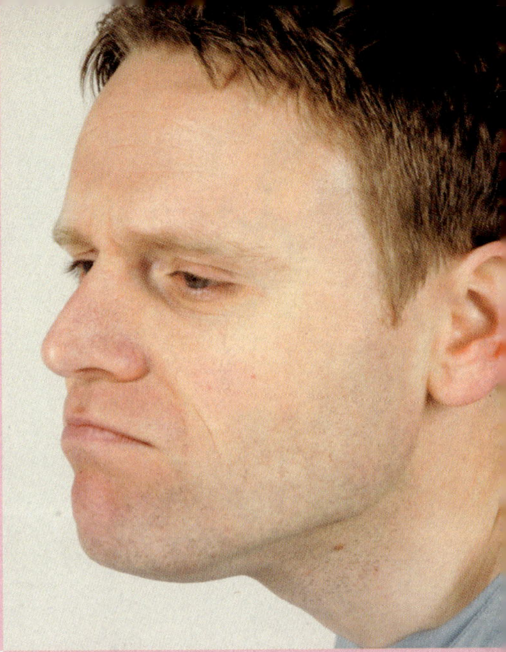

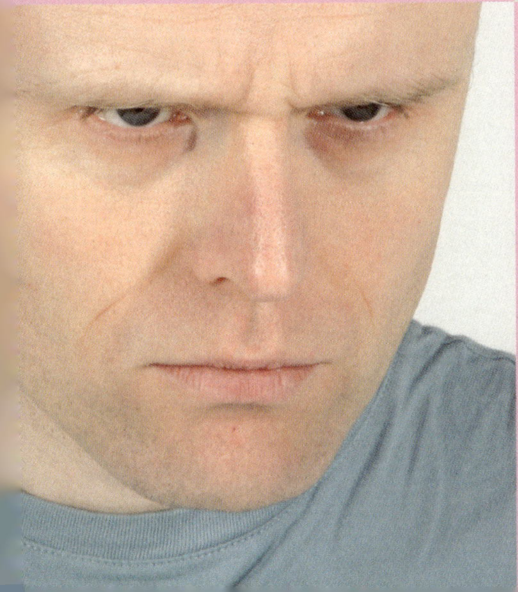

154 Ich meine es ernst

Es ist außerordentlich wichtig, dass im Kampf die Augen geschützt werden. Dies leisten die gesenkten Augenbrauen. Sie können dem Gegner bereits ausreichend Warnung sein, um ihn abzuschrecken.

155

Ich zermalme dieses Problem

Am Arbeitsplatz können wir den Verursacher unseres Zorns kaum strafen. Ersatzweise schlagen wir mit der Faust auf den Tisch, um zu zeigen, was wir mit unserem Konkurrenten oder einem Ding gerne tun würden.

156

Ich bin so wütend

Diese Mimik zeigt Aggression oder Wut. Die geweiteten Nasenflügel verbessern die Sauerstoffaufnahme und erhöhen die Kampfbereitschaft.

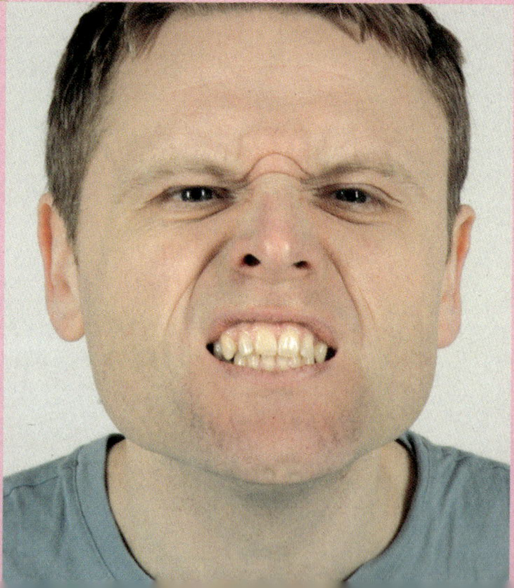

157

Also los dann …

Verschränkte Arme mit geballten Fäusten wirken sehr aggressiv. Die geschlossene Armhaltung verweist auf Konfrontation und die geballten Fäuste vermitteln die drohende Bereitschaft zuzuschlagen.

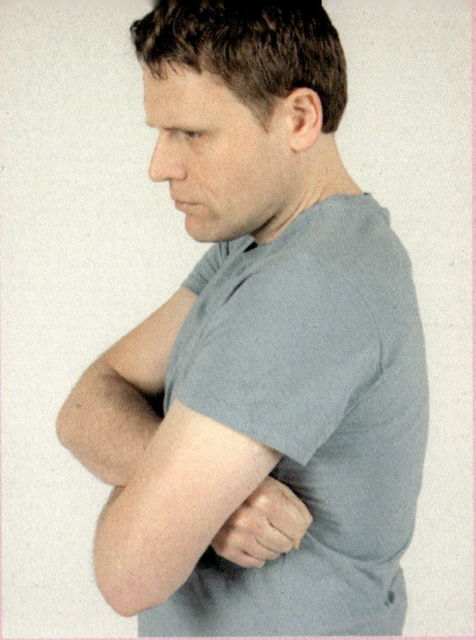

158

Wo ist meine Keule?

Eine zusammengerollte Zeitung: Der Mensch verdankt seinen evolutionären Siegeszug nicht zuletzt der Fähigkeit, Werkzeuge zu seinem Vorteil einzusetzen – darunter als wichtigstes die Waffe. Wenn ein Mensch aus Wut eine Zeitung zusammenrollt, ist das die moderne Entsprechung der steinzeitlichen Keule.

159 Ich will aber

Mit dem Fuß aufzustampfen, ist eine Möglichkeit, Aggression abzulassen – wie ein wütendes Kind, dem ein Spielzeug vorenthalten wird. Obwohl die meisten Menschen dieser Verhaltensweise entwachsen, begegnet man ihr gelegentlich sogar am Arbeitsplatz.

160 Ich will das Problem zerstören

Zerschmettern von Geschirr ist eine weitere Form verschobener Aggression. Unbelebte Objekte werden das Opfer unseres Bedürfnisses, angestaute Aggression zu entladen.

161 Nimm es mit mir auf

Mit dieser Pose tragen wir unsere Aggression gleich dreifach zur Schau: Wir machen uns größer, indem wir die Ellbogen nach außen abwinkeln, die geballten Fäuste sind in die Hüfte gestemmt und die sperrige Haltung wirkt auf den potenziellen Angreifer bedrohlich.

162 Ich trete das in Grund und Boden

Wenn wir aus Wut gegen einen Stuhl oder eine Tür treten, verkörpern diese Dinge den Sachverhalt, der uns so wütend macht. Es hilft zwar nicht, das Problem zu lösen, verschafft uns aber vielleicht etwas Erleichterung.

163 Das zerschlage ich

Sich in die Handfläche boxen: In diesem Fall steht die eigene Handfläche für das Problem, das man zerschlagen möchte, und zwar wiederholt, indem man immer wieder zuboxt.

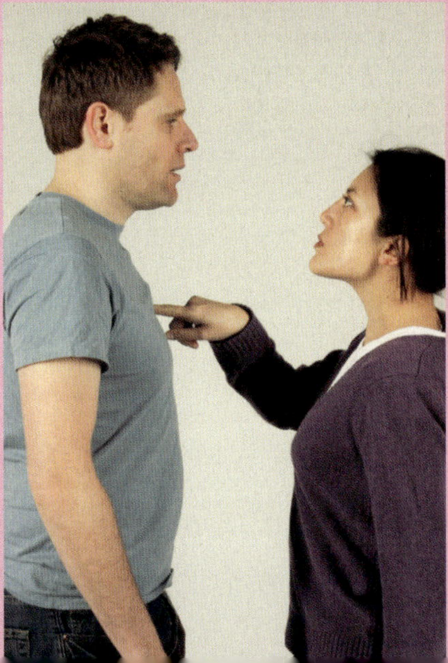

164 Und außerdem …

Wir sind wütend, und wir zeigen es. Der Zeigefinger ist die Waffe, mit der wir unser Opfer angreifen – und wir werden persönlich. Indem wir die Mitte des Körpers und nicht etwa die Extremitäten angreifen, dringen wir gewaltsam in die persönliche Sphäre des anderen ein.

165 Du bist an allem schuld

Die meisten Menschen sind irritiert, wenn man direkt auf sie zeigt. Diese Geste überträgt weitaus mehr Aggression als ein Winken. Der Zeigefinger wirkt wie ein Stock, mit dem gedroht wird.

166 Ich starre dich an

Normalerweise blicken wir unseren Gesprächspartner etwa 50 bis 75 Prozent der Zeit an. Erhöht man dies auf 90 bis 100 Prozent, hat das eine enorme Wirkung – je nachdem, von welchen weiteren Signalen das Anstarren begleitet wird. Es kann aggressiv und einschüchternd gemeint sein. Allerdings starren wir auch Menschen an, die wir attraktiv finden.

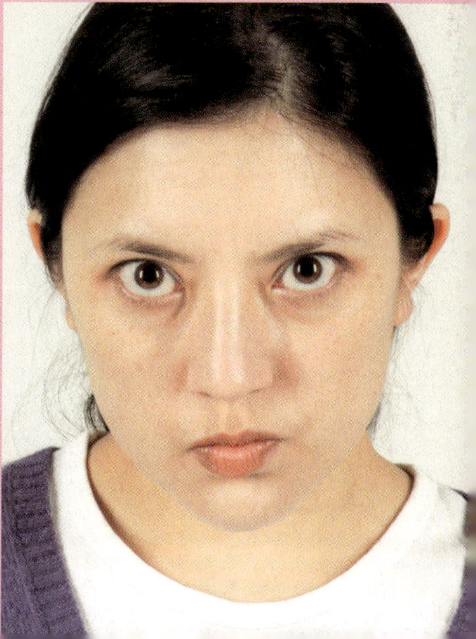

167 Ich setze mich durch

Von Angesicht zu Angesicht: Männer fühlen sich hierbei unwohl, da sie sich instinktiv auf eine Kampfsituation einstellen. Frauen dagegen können sich so voll und ganz auf ihr Gegenüber einlassen und seine Körpersprache entschlüsseln. Sie verschaffen sich aber auch die Gewissheit, dass man ihnen zuhört.

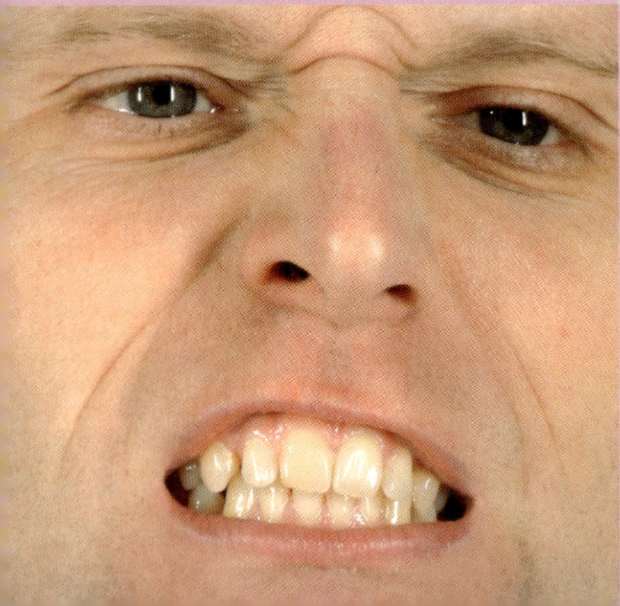

168 Vorsicht, bissig

Die entblößten Zähne bringen Wut und Aggression zum Ausdruck: ein Überbleibsel aus der Frühgeschichte des Menschen, als dieser mit einem Bissangriff drohte.

VERTEIDIGUNG

UM UNS ZU SCHÜTZEN, WENDEN WIR VERSCHIEDENE STRATEGIEN AN; WIR KÖNNEN VOR DER GEFAHR FLIEHEN, UNS KLEINER UND WENIGER BEDROHLICH AUSSEHEN LASSEN ODER EINE BARRIERE ZWISCHEN UNS UND DER GEFAHR ERRICHTEN.

169 Ich mache zu

Verschränkte Arme, eines der am häufigsten zitierten Beispiele für Körpersprache, werden mit einer Verteidigungs- oder Rückzugshaltung in Verbindung gebracht. Man sollte jedoch immer auch die anderen Körpersignale berücksichtigen.

170 Sieh mich nicht an

Die um den Körper gewundenen Arme sind weniger fest als verschränkte Arme. Sie verdecken und verteidigen die größtmögliche Körperfläche, während die Hände jemanden darstellen, der uns hält.

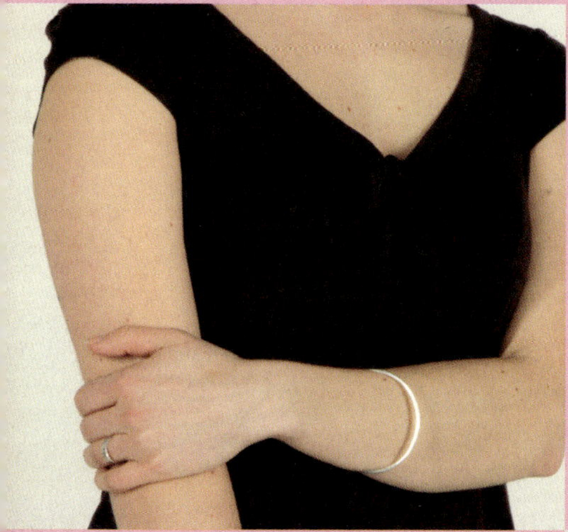

11

Ich suche Halt

Diese Haltung ist eine Kombination aus Verteidigungswall – der quer vor den Körper gelegte Arm – und der Versicherung eines Selbsthalts.

12

Wo ist mein Schild?

Der hängende Arm bei dieser Haltung, die man häufiger bei Frauen als bei Männern sieht, stellt einen Schutzschild dar. Die Hand, die auf der Schulter ruht, macht deutlich, dass der Arm ins Leere geht.

173 Etwas bedroht mich

Die Manschettenknöpfe zurechtrücken ist eine Lieblingsgeste von Prinz Charles. Die verschränkten Arme bieten dem verletzlichen Körper Schutz. Heutzutage ist diese Geste eher eine Reaktion auf eine beängstigende Situation als auf einen körperlichen Angriff.

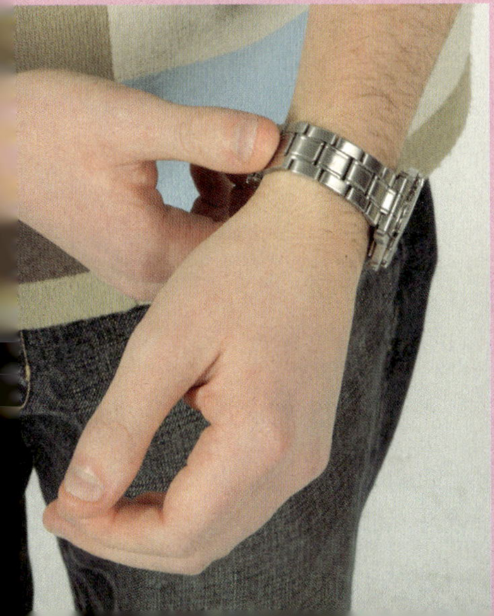

174 Ich schütze meinen Körper

In der gleichen Weise errichten wir eine Barriere vor unserem Körper, indem wir einen Arm quer davor legen, um unser Uhrenarmband festzuziehen. So verringern wir unsere Verletzlichkeit und lassen eine gewisse Anspannung erkennen.

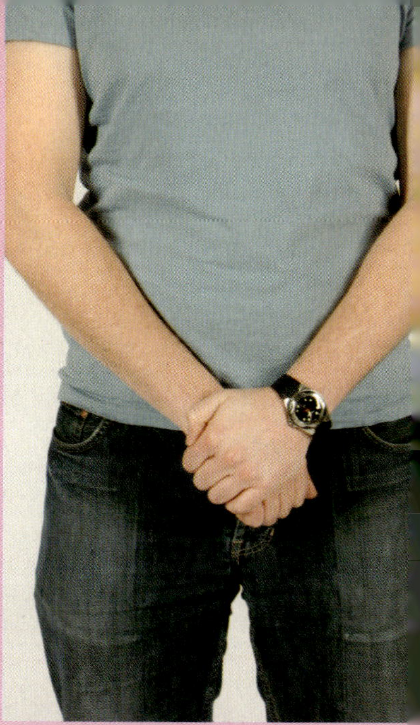

175

Ich schütze die wichtigste Region

Wenn Fußballspieler beim Freistoß eine Mauer bilden, ist die „Feigenblattposition“ eine nachvollziehbare Reaktion. Oft sieht man diese Geste auch bei Rednern, die unsicher sind; sie fühlen sich verletzlich und schützen ihre wichtigste Körperregion.

176

Ich benötige ein wenig Schutz

In den USA wird diese Haltung von Männern nicht eingenommen, sie gilt als feminin. Es handelt sich um eine der häufigsten Ruhepositionen. In Kombination mit anderen Gesten kann sie als Verteidigungshaltung gemeint sein.

177 Überzeuge mich

Die Beine an den Füßen übereinanderschlagen: Je weiter man die Füße vom Körper entfernt, desto mehr Selbstvertrauen vermittelt man, da man „Territorium" gewinnt. Wer sich so gibt, fordert heraus. Die verschränkte Körperhaltung ist jedoch gleichzeitig auch defensiv.

178 Ich halte mich raus

Zieht man seine Füße unter den Stuhl, reduziert man seine Größe. Gleichzeitig verringert sich der in Anspruch genommene Raum. Die auf Zehen stehenden Füße zeigen, dass die Person unter Spannung steht und am liebsten aufstehen und weggehen würde.

179

Ich fordere nichts

Versteckt man seine Füße unter dem Stuhl, reduziert man das „Territorium“, das man beansprucht. Dies legt Unterwürfigkeit nahe und lässt, kombiniert mit dem defensiven Verschränken der Beine, darauf schließen, dass man keine aktive Rolle spielen möchte.

180

Komm mir nicht zu nahe

Diese Haltung bietet den Genitalien Schutz, was auf ein Gefühl der Unsicherheit schließen lässt. Die Person empfindet eventuell zusätzlichen Schutz, indem sie die Beine gegeneinander presst.

181 Bleib auf Distanz

Ein Möbelstück wie ein Schreibtisch kann in zweierlei Hinsicht eine Kommunikationsbarriere darstellen. Zum einen vergrößert es einfach die physische Distanz zum Gesprächspartner, zum anderen wirkt es auch psychologisch als Schutzschild.

182 Ich halte meinen Rücken bedeckt

Die meisten Menschen fühlen sich wohler, wenn sie in den Raum blicken und die Wand im Rücken haben. Die Reaktion ist ganz natürlich, denn man möchte potenzielle Bedrohungen oder Risiken sehen können, während man den verletzlichen Rücken nicht ungeschützt lässt.

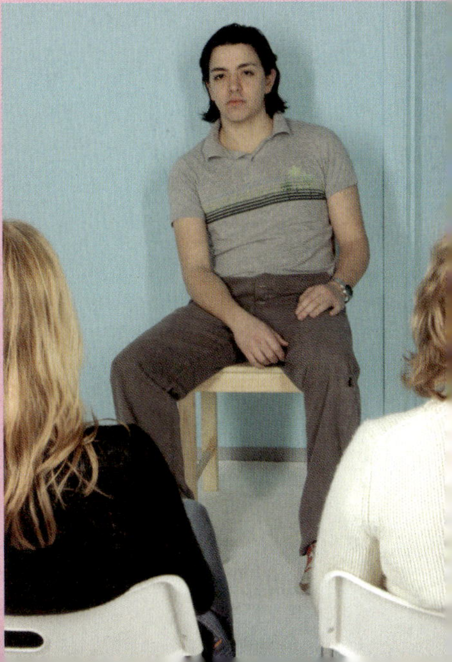

183 Ich beobachte dich

Stellen Sie sich einen Lehrer vor, der sich in der Schule direkt hinter dem ungezogenen Schüler aufstellt. Jemand, den wir nicht sehen können, erzeugt bei uns ein deutliches Unwohlsein, da wir unseren Rücken instinktiv nie ungedeckt lassen.

Hilfe! 184

In „King Kong“ legt Fay Wray verzweifelt die Hand über ihren Mund, als sie dem riesigen Affen gegenübersteht. Wir tun dies, wenn wir mit einem schockierenden oder auch überraschenden Ereignis konfrontiert werden.

185

Lass mich da raus

Auf Dinge, die uns gefallen, bewegen wir uns zu – dagegen entfernen wir uns, wenn uns etwas oder jemand unangenehm oder bedrohlich erscheint.

186

Du machst mir Angst

In die Hocke gehen: So machen wir uns kleiner. Dies kann Angst und Verteidigungsbereitschaft bedeuten, da wir uns auf Flucht aus einer bedrohlichen Situation einstellen.

187 Bring mir die Waffe

Bei einer plötzlichen Irritation ziehen wir den Kopf zwischen die Schultern, um ihn zu schützen. Ein hoher Kragen oder ein Schal kann diese Schutzfunktion übernehmen. Dieses Verhalten beobachtet man häufig bei Fußballmanagern, die, Kindern ähnlich, versuchen, sich im hohen Kragen ihrer Jacke zu verbergen.

!

Größe ist Macht: Die Menschen haben viele Möglichkeiten, um sich künstlich zu vergrößern und so ihren Status zu verbessern, wenn der Körper alleine nicht ausreicht. Denken Sie nur an ausgefeilte Militärhelme wie die Bärenfellmütze der königlichen Garde am Buckingham Palace, toupiertes Haar, erhöhte Absätze bei Herrenschuhen, wattierte Jacken und Anzüge, die die Schultern verbreitern. All dies soll den Eindruck von Größe und Macht verstärken.

ANGST, PANIK UND FLUCHT

DIE SACHE IST KLAR: DIESMAL GIBT ES KEINEN AUSWEG MEHR. DIESE MIMIKEN UND HALTUNGEN ZEIGEN, DASS WIR AN FLUCHT DENKEN.

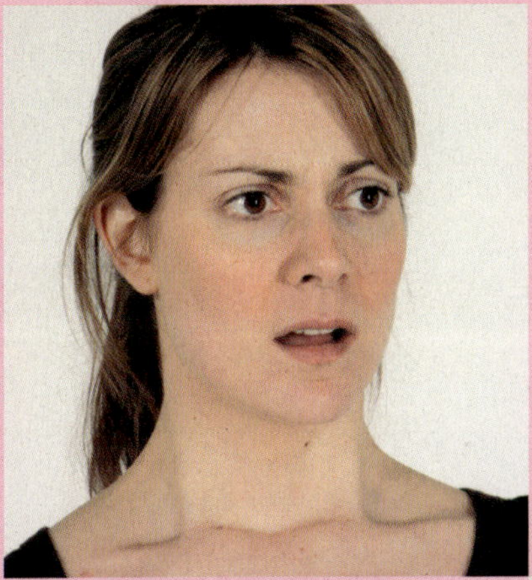

188 Ich habe Angst

Während unsere Gesichtszüge bei einem Angriff ganz nach vorn gerichtet sind, um den Gegner einzuschüchtern, geschieht bei Angst das Gegenteil: Wir „ziehen" das Gesicht so weit wie möglich von der potenziellen Bedrohung weg.

189 Lass mich in Ruhe

Unter extremem Druck nehmen manche Menschen die ursprünglichste aller Verteidigungspositionen ein – die Embryohaltung.

190

Nicht schlagen

Dieser Verteidigungsreflex soll dem Kopf maximalen Schutz bieten. Hand, Arm und Schulter legen sich wie ein Schutzschild um den Kopf.

191

Ich schau nicht hin, nur ein bisschen

Wenn etwas zu schrecklich ist, versuchen wir es auszublenden. Gleichzeitig möchten wir die Bedrohung im Blick haben. Wer hat nicht schon bei einem Horrorfilm zwischen den Fingern hindurchgeblinzelt …

192

Gib Acht

Zu unseren angeborenen Schutzreflexen gehört es, dass wir beim Zurückweichen vor einer Gefahr die Schultern hoch- und die Augenlider zusammenziehen, um Kopf und Augen zu schützen.

193

Autsch

Wenn wir sehen, wie jemand von einem Unglück oder einem Schmerz getroffen wird, zucken wir instinktiv zusammen und simulieren ein Zurückweichen vor der Bedrohung.

194

Beschütze mich

Wenn wir Angst haben, halten wir uns automatisch an anderen fest, die uns physischen Halt geben sollen, gerade so, wie sich ein Kind bei seinen Eltern festhält.

195

Kopf weg!

… ertönt der Ruf über das Sportfeld. Ohne den Ball genau lokalisieren zu können, ziehen die Spieler instinktiv ihre Köpfe ein. Dieser Reflex, der sich über Jahrtausende bewährt hat, ist uns auch heute noch dienlich, wenn wir unseren Kopf vor möglichen Verletzungen schützen müssen.

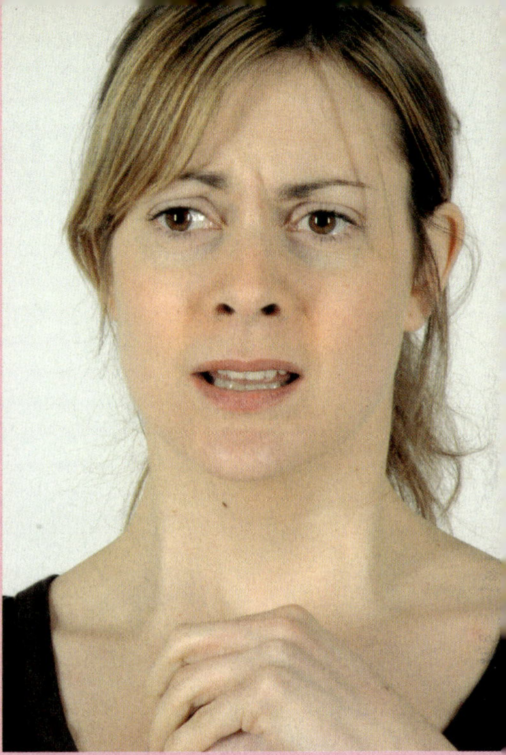

196

Ich bin panisch

Schnelle, kurze, richtungslose Schritte lassen auf Panik schließen. Die Person reagiert überempfindlich auf einen Reiz. Sie ist so angespannt, dass sie in gewissem Maße die Kontrolle über ihren Körper verloren hat.

197

Ich brauche Luft!

Unter dem Eindruck einer Bedrohung beschleunigt sich unser Atemrhythmus. Die erhöhte Sauerstoffaufnahme macht den Körper bereit für Kampf oder Flucht.

Rette mich 198

Menschen, die von einer Katastrophe betroffen sind oder unter Schock stehen, verharren oft in einer Selbstumarmung. In dem Versuch, wieder die Sicherheit der elterlichen Umarmung zu spüren, soll nichts mehr an sie herankommen können.

Ich bin weg 199

Um uns aus einem Stuhl zu erheben, legen wir die Hände auf die Armlehnen und stoßen uns an ihnen ab. Allein die Position der Hände vermittelt schon deutlich, dass wir uns entfernen möchten.

200

Wo ist die Tür?

Unser Blick verrät es: Wir denken an Flucht. Wenn unsere Augen die Tür suchen, sichern sie den Fluchtweg und teilen uns mit, wo es am schnellsten nach draußen geht.

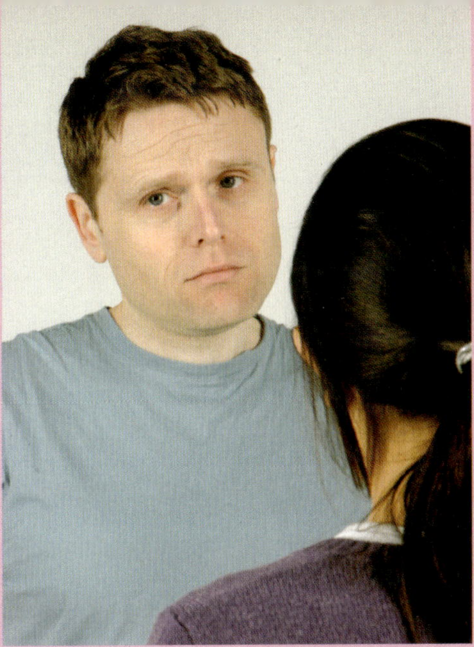

201

Lass mich hier raus

Manchmal ist der Wunsch zu fliehen so stark, dass sich unser Körper unbewusst schon auf den Weg macht, bevor wir uns bewusst dazu entschließen. Besonders wenn uns die Aufmerksamkeit anderer unangenehm ist, wiegen wir uns hin und her – der Beginn einer Fluchtbewegung.

ÜBERRASCHUNG ODER VERWIRRUNG

WENN WIR SEHR ÜBERRASCHT SIND, REAGIEREN WIR BESONDERS IMPULSIV.

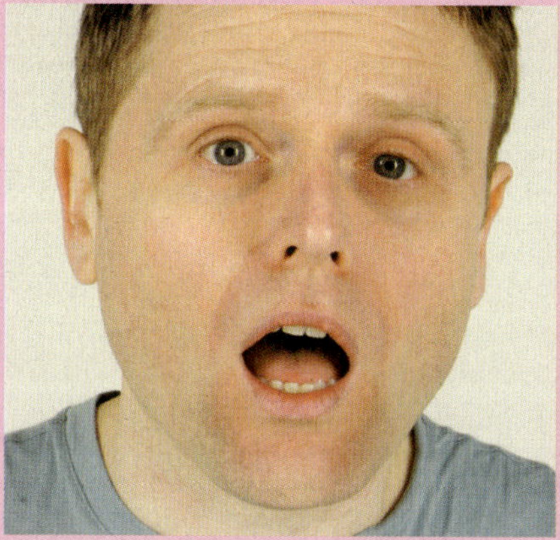

202

Was?!

Der offene Mund lässt auf Überraschung oder Verwirrung schließen. Gleichzeitig werden die Augen weit aufgerissen und die Augenbrauen hochgezogen. Oft kann man diese Mimik bei Menschen beobachten, die verwundert oder ratlos sind.

203

Was ist da los?

In entspanntem Zustand nehmen wir uns in der Regel Zeit, uns umzudrehen, wenn hinter uns etwas unsere Aufmerksamkeit erregt. Doch bei einer plötzlichen Irritation wenden wir nur den Kopf, um umgehend abschätzen zu können, ob uns eine Gefahr droht und wie schnell wir reagieren müssen.

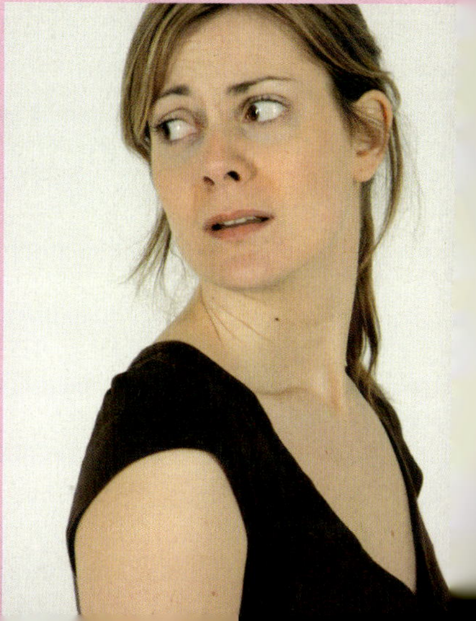

204 Echt?

Leichte Überraschung signalisieren wir oft mit einer angehobenen Augenbraue. Meist neigen wir dazu leicht den Kopf.

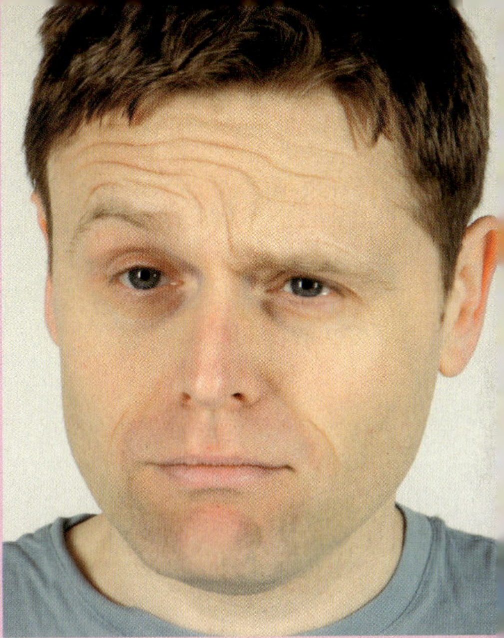

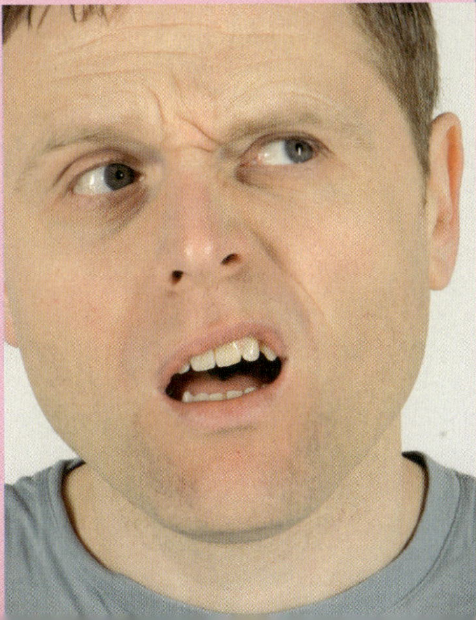

205 Ich bin verwirrt

Wir runzeln unsere Brauen, wenn wir ungläubig, besorgt oder verzweifelt sind. Menschen, die sehr viel Kummer haben, stehen die Sorgen sprichtwörtlich „ins Gesicht geschrieben“.

BELEIDIGUNGEN

WORTE KÖNNEN TÖDLICHE WAFFEN SEIN – FÜR GESTEN GILT DAS NICHT MINDER. JEDE KULTUR HAT IHRE NONVERBALEN BELEIDIGUNGEN HERVORGEBRACHT.

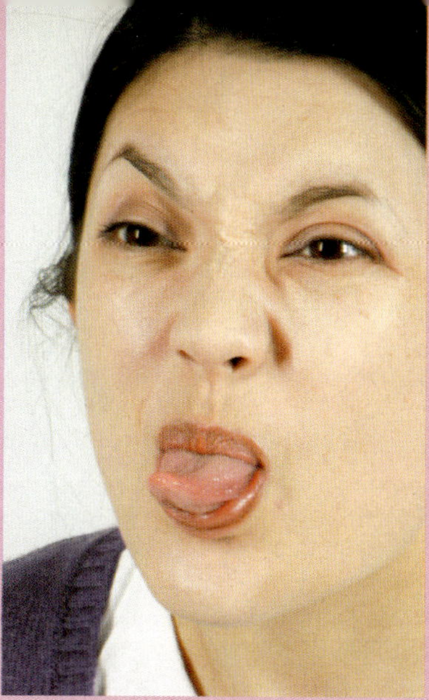

206 Die herausgestreckte Zunge könnte von der Bewegung stammen, mit der ein Baby die Mutterbrust zurückweist. Vielleicht ist sie auch Penis-Nachahmung und hat deshalb eine so starke Wirkung.

Hau ab, was du denkst, ist mir egal

207

Stinkefinger

Viele denken bei dieser Geste an Tom Cruise, der in „Top Gun“ dem feindlichen MIG-Piloten den ausgestreckten Mittelfinger zeigt. Die Beleidigung ist leicht verständlich … der steif nach oben gerichtete Finger ist ein Symbol für den Penis.

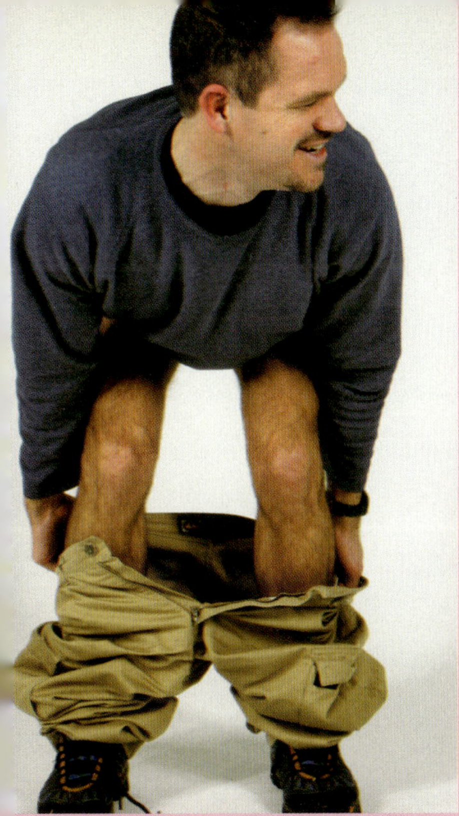

208 Leck mich am A...

Viele Beleidigungen haben sexuelle Bezüge. Bei dieser Handlung exponiert die Person ohne Scheu ihr nacktes Hinterteil und hat keine Angst, „sich zu entblößen“. Manche Affenmännchen demonstrieren auf diese Weise gegenüber anderen Männchen ihre Dominanz und verweisen diese auf einen niedrigeren sozialen Rang.

209 F**k dich

Der relativ verbreitete phallische Unterarmstoß ist ein obszönes Zeichen, das vor allem von Männern angewandt wird.

210 Du kannst mich

Über den Ursprung dieser Geste gibt es eine Anekdote. Im Krieg zwischen Frankreich und England schnitten die Franzosen gefangenen englischen Bogenschützen Zeige- und Mittelfinger ab, um sie kampfunfähig zu machen. Um die Franzosen zu provozieren, winkten die Engländer ihnen vor dem Kampf mit diesen beiden Fingern zu.

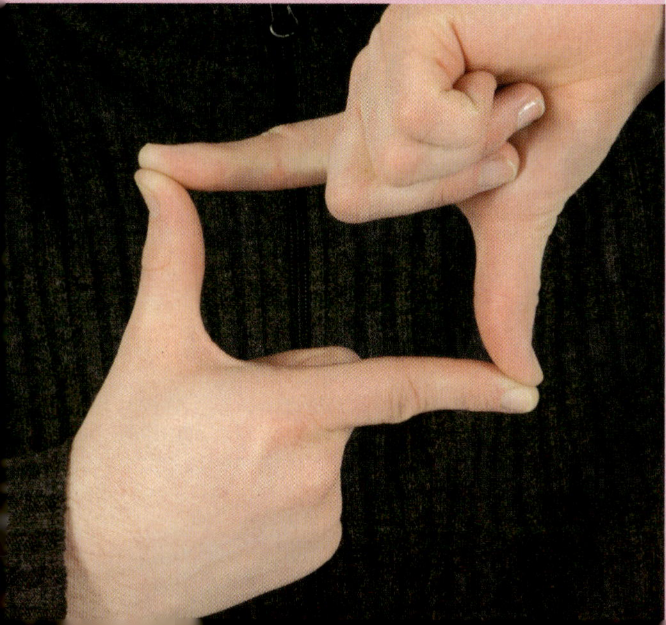

211 Du bist so langweilig

Diese Geste stammt aus den USA, wo man jemanden, der langweilig und konventionell ist, als „Quadrat“ bezeichnet und es mit dieser Geste unterstreicht.

212 Du hast verloren

Unter amerikanischen Jugendlichen wird jemandem mit diesem stilisierten „L“ – für das englische Wort „Loser“ (Verlierer) – zu verstehen gegeben, dass er einen Wettkampf verloren hat.

213 Ich spucke auf dich

Spucken ist eine verbreitete Form der Beleidigung. Wer neben seinem Rivalen auf den Boden spuckt, gibt ihm mit dieser Handlung unmissverständlich zu verstehen, dass er lediglich Körperausscheidungen wert ist.

VERZWEIFLUNG

WENN MAN DER ENTTÄUSCHUNG NICHT MEHR HERR WIRD, ENTWICKELT SIE SICH ZUR VERZWEIFLUNG.

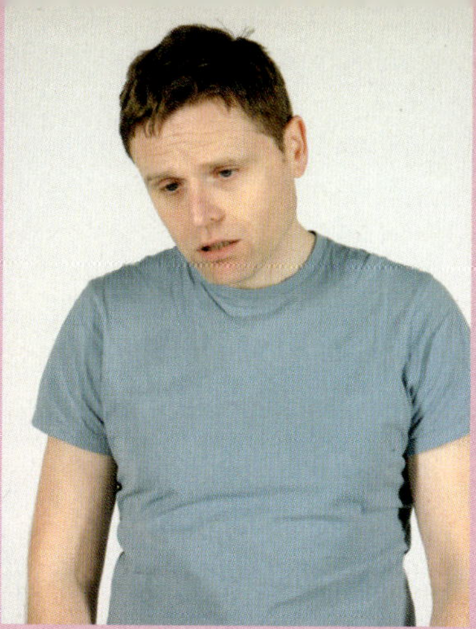

214 Wie ermüdend

Verzweiflung äußert sich oft durch einen tiefen Seufzer. Weitere Signale sind hängende Schultern und ein zusammengesunkener Oberkörper.

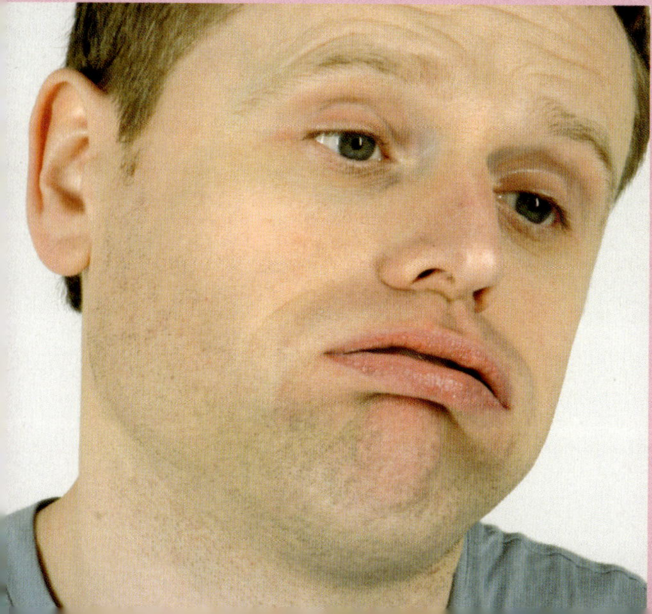

215 Was soll ich tun?

Das übertriebene Ausatmen mit den aufgeblasenen Wangen und Lippen trägt unsere Hilflosigkeit überdeutlich zur Schau.

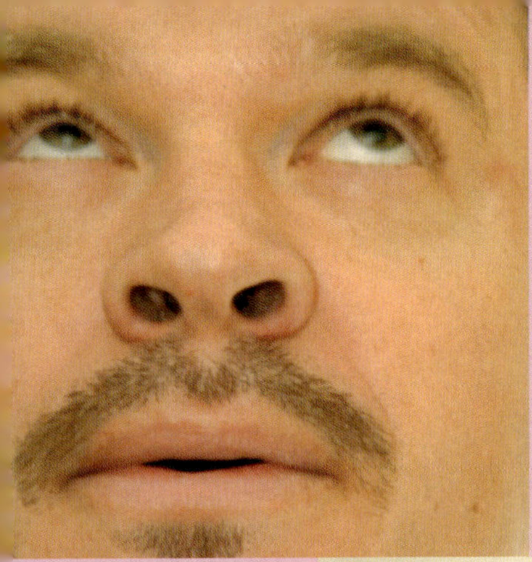

216 Typisch!

Kann man nicht länger ertragen, was man vor sich sieht, wendet man die Augen kurz Richtung Himmel und blickt dann wieder nach unten.

217 Ich kann daran nichts ändern

Man wirft die Hände in die Luft, wenn man an den Rand der Verärgerung getrieben wurde. Diese theatralische Geste sieht man oft bei Sportlern, die deutlich zeigen, dass sie mit dem Schiedsrichter nicht einer Meinung sind, sich ihm jedoch fügen.

5

Herr und Knecht

EINE DER WICHTIGSTEN
EIGENSCHAFTEN,
DIE DEN
MENSCHEN ZUR
DOMINANTEN ART
WERDEN LIESSEN,

war seine Fähigkeit, in Gruppen zusammenzuarbeiten. Essenziell für den Zusammenhalt war die Ausbildung einer Hackordnung oder Hierarchie. Auch heute noch sind die Signale für unseren Status allgegenwärtig, wenn auch oft unerkannt.

DOMINANZ

EINE HACKORDNUNG IST EIN SYSTEM VON ÜBERLEGENHEIT UND UNTERORDNUNG, MIT ALLEN SIGNALEN VON MACHT BEZIEHUNGSWEISE DEMUT.

218 Ich bin der Boss

Diese Pose ist militärisch oder professoral. Sie vermittelt Selbstvertrauen bis zur Arroganz, besonders, wenn auch noch das Kinn in die Höhe gereckt wird.

219 Ich habe die Größe, das zu übernehmen

Wenn ein Mann seine Brust vorstreckt, macht er sich größer, um potenzielle Gegner einzuschüchtern.

220 Ich bin furchtlos

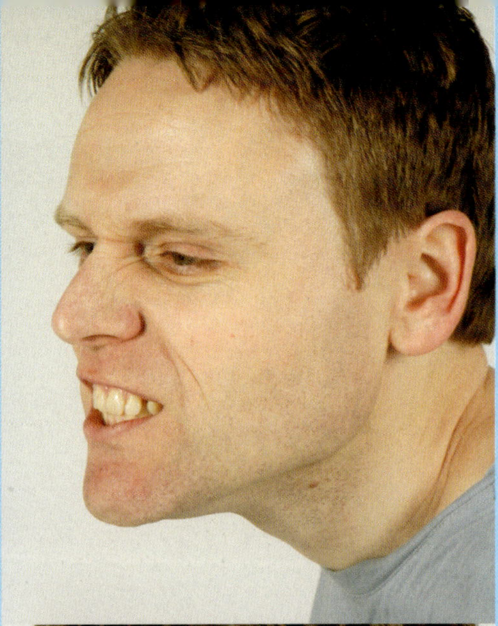

Das vorgereckte Kinn steht beim Mann in Verbindung mit einem erhöhten Testosteronspiegel. Es verstärkt die „Angriffsmiene“, bei der die Gesichtszüge ganz nach vorne konzentriert sind.

221 Du bist unter mir

Blickt man jemanden „von oben herab“ über den Brillenrand hinweg an, gibt man sich bewusst herablassend. Oft werden dazu noch missbilligend die Augenbrauen gerunzelt.

222

Ich bin stark

Der Daumen ist der Finger, der mit Macht assoziiert ist. Verschränkte Arme mit nach oben weisenden Daumen sind ein deutliches Signal von Stärke; zudem wird der Bizeps vergrößert. Oft sieht man diese Geste auf Fotos von Fußballteams.

223

Ich führe dich

Eltern oder Erwachsene legen einem Kind die Hand auf die Schulter, um es zu führen; tut dies ein Erwachsener bei einem anderen, gibt er zu verstehen, dass er sich die Führungsrolle aneignet.

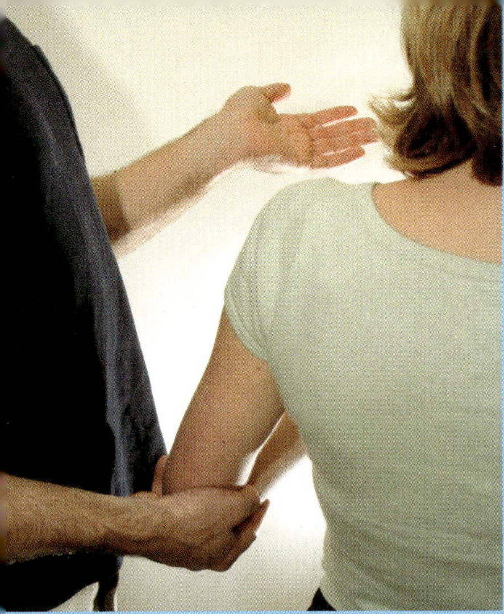

224

Folge mir

Ein Pfadfinder führt einen alten Menschen am Ellbogen über die Straße. Auch George W. Bush liebt diese Geste und präsentiert sich damit gerne als Anführer anderer Politiker von Weltrang.

225

ch bin die Macht

Der Griff ans Revers kombiniert mehrere Signale von Autorität. Die Daumen, Symbole der Macht, werden gezeigt, gleichzeitig die Ellbogen nach außen gereckt, was die Schultern breiter und den Körper größer macht. Eine Haltung, die man häufig bei Anwälten im Gericht oder bei Polizeibeamten sieht.

226 Ich packe fest zu

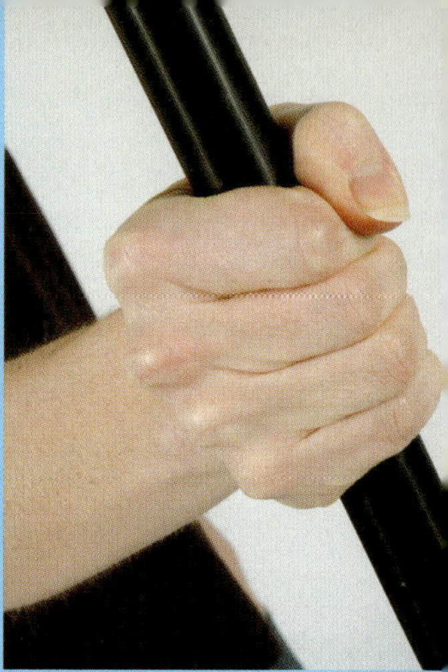

Beim Ergreifen einer Stange oder eines Geländers wendet man den Kraftgriff an, bei dem die gesamte Innenfläche aller Finger den Gegenstand umgreift – als Griff um die Waffe ein Relikt aus der Vorzeit.

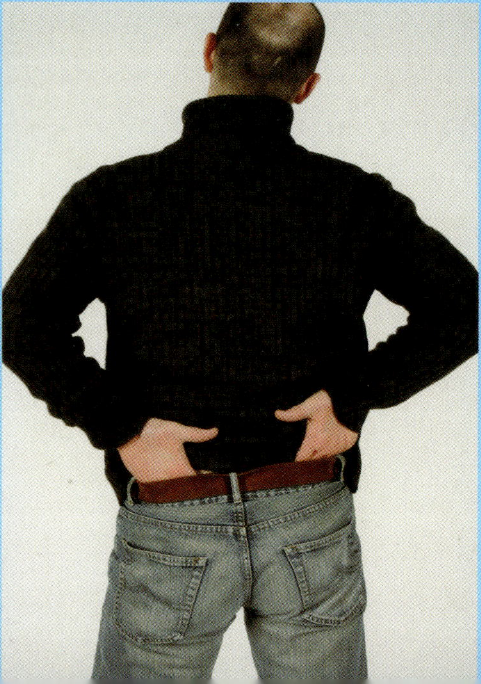

227 Ich bin groß genug, es zu packen

Bei dieser Haltung werden die Ellbogen nach außen gereckt, was einen größer macht. Gleichzeitig werden die Daumen gezeigt und die Hände können im Kraftgriff um den Gürtel greifen. Eine dominante, vor allem männliche Haltung.

Ich bin groß 228

Die Händen auf den Hüften machen uns größer und wirken aggressiv und dominant.

229

Du bist Spitze

Dominanz hat mit Größe und Perspektive zu tun. Die Überlegenheit eines Siegers wird dadurch für alle sichtbar gemacht, dass er von anderen auf den Schultern getragen wird. Häufig kann man diese Siegerhaltung auch im Fußballstadion beobachten, wenn eine Mannschaft ihren Torschützen auf den Schultern durch das Stadion trägt.

230 Ja ja, meine Kleine

Eltern tätscheln ihren Kindern liebevoll den Kopf, eine Geste, die auch durch den Größenunterschied bedingt ist. Einem Erwachsenen den Kopf zu tätscheln, wirkt sehr herablassend und kann nur unter guten Freunden scherzhaft gemeint sein.

231 Dorthin, ich lenke Sie

Jemandem die Hand auf den Rücken zu legen, vermittelt den Eindruck, dass man ihn lenken möchte. Eine gewisse Vertrautheit sollte zu dem anderen bestehen, ansonsten wirkt ein solches Verhalten ziemlich manipulativ.

232 Ich beschütze dich

In manchen Kulturen (wie der japanischen) gilt der Nacken als besonders sensibler Körperteil. Auch in unserer Kultur setzen wir ein hohes Maß an Vertrautheit voraus, bevor wir jemandem das Privileg zugestehen, ihn zu berühren. Interessanterweise lassen Fußballspieler nach einem Tor diese Intimität zu und gratulieren einander mit dieser Geste.

233

In dieser Haltung wirken die Fäuste sehr bedrohlich. Zudem lassen die hochgezogenen Ellbogen die Schultern breiter erscheinen, ebenso wie den gesamten Körper.

Ich boxe die Sache durch

234 Still, aber stark

Legt man sich den Daumen, das Symbol der Macht, auf die Unterlippe, bringt man ihn ins Zentrum der Aufmerksamkeit. Dies kann dem Gesprächspartner signalisieren: „Ich bin nicht deiner Meinung. Sprich nicht weiter!"

235 Ich bin obenauf

Wer von den Fersen auf die Zehen schaukelt, macht sich größer. Man erreicht damit dasselbe wie die raffinierten alten Militärhelme oder Herrenschuhe mit Absätzen.

236 Ich bin der Anführer

Napoleon wird häufig in dieser Pose abgebildet. Sie ließ ihn größer wirken und vermittelt den Eindruck von Macht und Einfluss. Die verborgene Hand signalisiert Furchtlosigkeit, da demonstrativ kein Anlass zur Sorge gegeben scheint.

237

Ich bin bodenständig

Die Füße stehen weit auseinander. Dadurch wird der Eindruck von Größe verstärkt, während die ungeschützten Geschlechtsorgane furchtlos exponiert werden.

238 Vertraue mir

Wie oft am Tag berührt Sie jemand am Kopf? Wenn es sich nicht um den Partner oder ein nahe stehendes Familienmitglied handelt, ist dies vermutlich selten der Fall. Da unser Kopf einer der wichtigsten und verletzlichsten Körperteile ist, lassen wir nur ungern zu, dass jemand ihn berührt.

239 Aufmerksam und bereit

Wenn eine Sportmannschaft sich zum Gruppenfoto aufstellt, ist die typische Haltung: Schultern zurück, Brust raus, Hände auf den Knien, denn keiner möchte auf dem Foto der Kleinste sein.

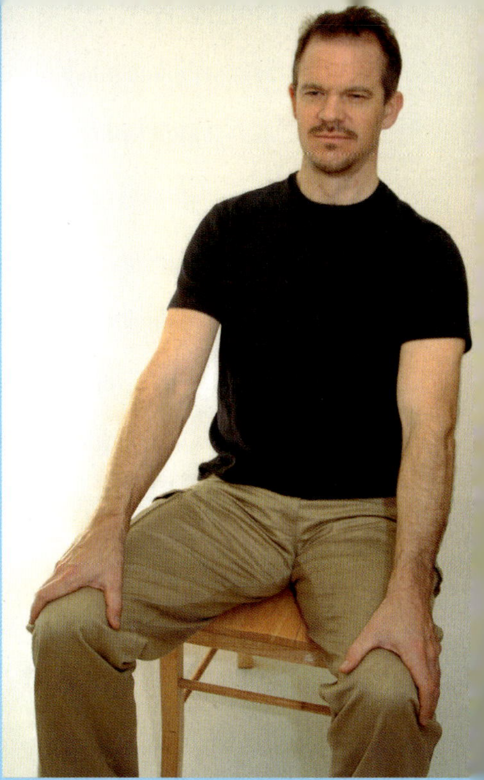

240 Ich nehme es mit jedem auf

Die prahlerische Cowboyhaltung zeigt Kampfbereitschaft. Der Körper wirkt größer und die schwingenden Fäuste zeigen, dass man jederzeit zuschlagen kann. George W. Bush tritt so gelegentlich in seiner Bomberjacke auf.

SELBSTBEWUSSTSEIN

SELBSTBEWUSSTES AUFTRETEN HAT EINEN WESENTLICHEN EINFLUSS DARAUF, WIE ANDERE UNS WAHRNEHMEN UND WIE VIEL ERFOLG WIR HABEN. MÖCHTEN SIE NICHT AUCH DEN EINDRUCK ERWECKEN, VOR SELBSTVERTRAUEN ZU STROTZEN?

241 Ich bin selbstsicher

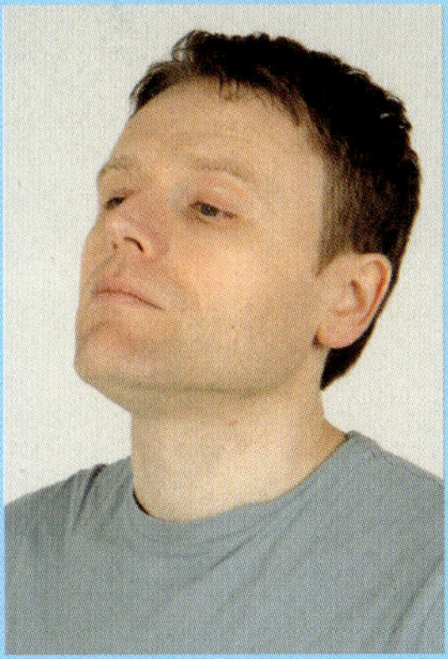

Das erhobene Kinn vermittelt Selbstvertrauen und Furchtlosigkeit. Soldaten lernen deshalb, beim Strammstehen von oben nach unten zu blicken. Ist das Kinn zu stark angehoben, wirkt das jedoch arrogant – man „blickt auf andere herab".

242 Auf gleicher Höhe

Flach auf den Boden gestellte Füße wirken entspannt und selbstsicher. Ohne Scheu nimmt man das Territorium vor sich in Anspruch.

243 Alles im Griff

Rasche, entschlossene Schritte zeigen, dass man der Zukunft ohne Angst entgegengeht. Die schwingenden Arme und Beine machen den Körper größer. Diese Person hat sich unter Kontrolle.

244 In Balance

Die schulterbreit und parallel gestellten Füße vermitteln den Eindruck, dass dieser Mensch ausgeglichen ist und sich wohl fühlt. Er ist entspannt, jedoch jederzeit handlungsbereit.

245 Gerader Kiel

Viele Menschen möchten im täglichen Umgang mit anderen, am Arbeitsplatz und anderswo, selbstbewusster wirken. Dies kann man einfach und schnell erreichen, indem man sein Kinn leicht anhebt. Man zeigt, dass man bereit ist anzunehmen, was auch immer das Leben bereithält.

246 Ich gebe Rauchsignale

Eigentlich ist es unhöflich, seine Gesprächspartner mit Zigarettenqualm zu belästigen. Hier stellt der Raucher jedoch Mut und Selbstvertrauen zur Schau: Er reckt sein Kinn, bläst den Rauch in die Höhe und wirkt dadurch größer. Furchtlos bietet er seine verletzliche Kehle dar.

247 Ich fühle mich wohl

Ein ehrliches Lächeln mit geschlossenem Mund wirkt selbstsicher. Sie vermitteln Ihren Mitmenschen, dass Sie kein Problem mit ihnen haben und sich nicht eingeschüchtert fühlen. Hält es jedoch zu lange an, wirkt es selbstgefällig.

Ich bin bereit 248

Unterordnung zeigt sich oft dadurch, dass jemand sich klein macht, die Schultern hochzieht und den Rücken krümmt. Ziehen wir jedoch die Schultern hinter das Becken zurück, vermitteln wir Selbstvertrauen.

UNTERORDNUNG UND UNSICHERHEIT

BEI VIELEN UNTERWERFUNGSSIGNALEN MACHEN WIR UNS KLEIN, DAMIT WIR AUF ANDERE WENIGER BEDROHLICH WIRKEN. NEBEN DER KLASSISCHEN VERBEUGUNG KANN SICH UNTERORDNUNG UND UNSICHERHEIT AUF VIELE ARTEN ZEIGEN.

249 Ich habe aufgegeben

Die eingesunkene Brust verringert die Gesamtgröße, da gleichzeitig der Rücken gekrümmt und die Schultern nach vorne herabgezogen werden. In dieser Haltung wirkt eine Person harmlos.

250 Niedergeschlagen

Das gesenkte Kinn, eine klassische Demutshaltung, lässt uns kleiner erscheinen und lenkt unseren Blick zu Boden. Dieser Mangel an Selbstvertrauen signalisiert dominanteren Persönlichkeiten unsere Unterordnung. Achten Sie einmal darauf, welche Haltung der Verlierer eines sportlichen Wettkampfs einnimmt.

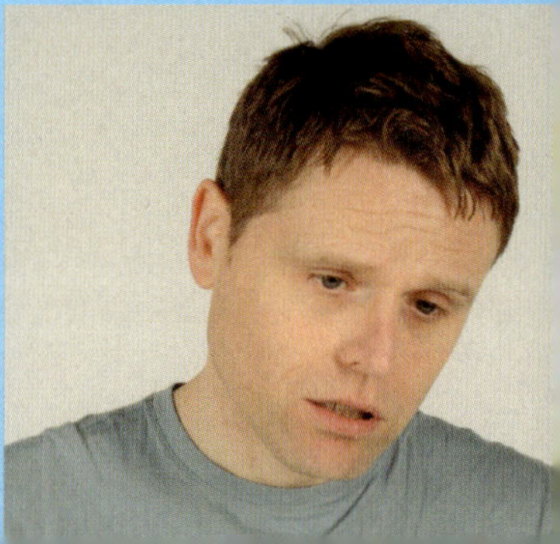

251

Lehrer und Schüler

Wenn wir stehen, fühlen wir uns in der Regel dominanter. Sitzen wir an unserem Schreibtisch und jemand steht neben uns, können wir uns sehr unwohl fühlen.

252

Ich schlurfe über den Boden

Wer leicht gebeugt und ohne die Füße anzuheben dahinschlurft, versucht möglichst klein zu sein – wie ein Kind, das Süßigkeiten genascht hat und gescholten wurde. Es wird schuldbewusst zu Boden blicken und sich schlurfend entfernen.

253

Eigentlich bin ich ganz klein

Wer seinen Rücken krümmt, macht sich kleiner. Diese Haltung signalisiert: „Ich bin schwach und ungefährlich!“ Auch durch Krankheit oder Alter gebeugte Menschen wirken weniger bedrohlich.

254

Nicht schlagen

Beugt man den Nacken, wird der Kopf gesenkt und die Gesamtgröße gemindert. Eine Mensch, der diese Haltung einnimmt, wirkt verkrampft und unsicher.

255 Ich gebe mich geschlagen

Breite Schultern machen groß und wirken dominant, hängende Schultern machen klein und signalisieren Unterordnung.

256 Zurück in die Schule

Vielleicht haben Sie früher bei einer Klassenbesprechung so dagesessen, mit überkreuzten Beinen und untergeschlagenen Fersen. Erwachsene sitzen selten so, vielleicht, weil die Haltung Assoziationen an die Machtlosigkeit als Kind weckt.

257

Bedrückt

Wenn ein Raucher den Rauch nach unten ausbläst, ordnet er sich seinem Gesprächspartner unter, indem er Kinn und Augen senkt.

!

Die Macht des Blicks: Oft fühlen wir uns unbewusst bedroht, wenn wir eine neue Bekanntschaft machen. Dies zeigt sich bei der Begrüßung: Um eine direkte Konfrontation auf engstem Raum möglichst zu vermeiden, sieht eine der beiden Personen weg, manchmal tun es sogar beide. Häufig ist es die sich unterlegen fühlende Person, die zuerst in eine andere Richtung blickt.

258 Ich bin müde

Am Ende eines olympischen Wettkampfs gehen die Athleten oft in die Hocke; die Erschöpfung lässt sie zu Boden gehen, sie sind aber dennoch sprungbereit. Der Sieger verhält sich in der Regel genau andersherum: Selbst wenn er völlig erschöpft ist, macht er sich demonstrativ groß.

259 Ich bin achtsam

Mit dem Präzisionsgriff nehmen wir kleine Gegenstände zur Hand. Es handelt sich hierbei zwar nicht direkt um eine Unterwerfungsgeste, zeigt aber, dass wir sehr auf Details achten.

BESITZ UND TERRITORIUM

VIELE TIERE ZEIGEN TERRITORIALVERHALTEN, UND DER MENSCH IST NICHT ANDERS. WIR MARKIEREN UNSERE GRUNDSTÜCKSGRENZEN UND RICHTEN UNSEREN ARBEITSPLATZ IM BÜRO SO EIN, DASS JEDER ANDERE SOFORT BEGREIFT: HIER DARF ICH NICHT EINDRINGEN.

260 Pardon!

Die Verletzung unserer Intimsphäre durch Fremde ist uns stets unangenehm. Rempeln wir versehentlich auf der Straße jemanden an, entschuldigen wir uns schnell und stellen so die „normale" Distanz wieder her.

261 Das ist meins

Wenn jemand seine Arme über dem Tisch ausbreitet, versucht er so viel Territorium wie möglich für sich zu vereinnahmen – ein eindeutiges Dominanzverhalten.

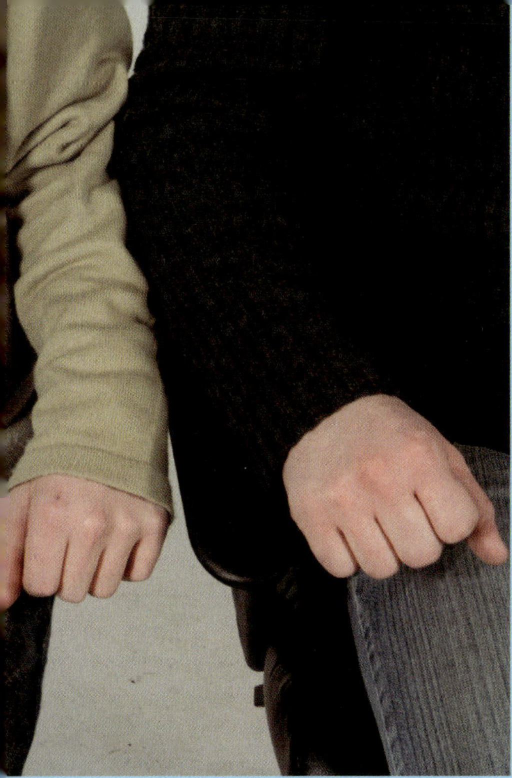

262

Mein Territorium

Man sitzt im Bus, im Flugzeug oder im Kino. Eine Armlehne, zwei Arme; eine echte Chance, einen jener Territorialkämpfe zu führen, bei denen schon unsere Ahnen ihre Männlichkeit unter Beweis stellen konnten – natürlich nur im Rahmen der Möglichkeiten, die die moderne Gesellschaft bietet …

263

Ich bin der Herr des Universums

Wer Unterarme und Ellbogen auf die Armlehnen seines Stuhls stützt, beansprucht mehr Raum und vergrößert sein Erscheinungsbild.

264 Ich bin nicht so groß

Schüchterne Menschen, die sich unterordnen, legen ihre Ellbogen dicht an den Körper, um kleiner zu wirken – dies fällt um so mehr ins Auge, wenn ihr Stuhl Armlehnen besitzt.

265 Kein Ausgang

Wenn wir die Arme ausstrecken, nehmen wir den größtmöglichen Raum ein. Die Demonstration von Größe und Macht wird auch dadurch verstärkt, dass wir unserem Gast den Fluchtweg versperren und ihn dadurch quasi in die Enge treiben.

266

Hände weg

Auch wenn Freunde wohl kaum ungefragt aus unserem Glas trinken, machen wir gerne unseren Besitzanspruch deutlich, indem wir es festhalten, so lange es voll ist.

267 Das gehört mir

Ob wir mit unserem Partner Händchen halten oder unsere Füße auf unser Eigentum stellen – wir zeigen unseren Besitzanspruch gerne demonstrativ. Der aufgestellte Fuß vergrößert uns gleichzeitig und gibt einem Mann die Möglichkeit, sein Geschlecht zu exponieren.

ENTSPANNUNG

MIT EINER ENTSPANNTEN KÖRPERHALTUNG ZEIGEN WIR, DASS WIR KEINE NOTWENDIGKEIT SEHEN, AKTIV ZU WERDEN. DEMONSTRATIVE GELASSENHEIT KANN ABER AUCH ÜBERLEGENHEIT ODER MANGEL AN RESPEKT IMPLIZIEREN, DA WIR ANDEREN SIGNALISIEREN, DASS SIE UNS KEINE ANGST EINFLÖSSEN.

268 Ich bin sehr entspannt

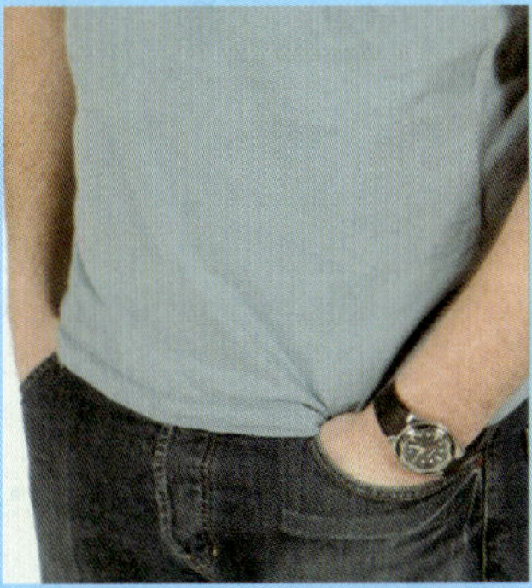

Mit den Händen in den Taschen zeigen Sie sich sehr entspannt. Niemand besitzt den Rang oder die Autorität, von Ihnen eine respektvollere, formellere Haltung zu fordern. Auch sehen Sie keine unmittelbare Gefahr, die Sie mit den Händen abwehren müssten.

269 Ganz wie zu Hause

Wenn uns etwas erregt oder verärgert, sind wir oft aufrecht oder beugen uns nach vorne. Lehnen wir uns zurück und strecken uns noch dazu aus, nehmen wir das Gegenteil dieser „Bereitschafts"-Haltung ein.

270 Das hier ist recht zwanglos

Bei dieser zwanglosen Haltung ist ein Arm richtiggehend stillgelegt; Sie zeigen, dass Sie ihn allzubald wohl nicht benötigen werden.

271 Ich bin der Boss

Die Füße auf dem Tisch signalisieren, dass Sie nicht vorhaben, irgendwo hinzugehen. Gleichzeitig markieren Sie Ihr Territorium und geben zu verstehen, dass niemand im Raum formellen Respekt verdient. Die Nähe zur horizontalen Position demonstriert Entspanntheit. In manchen Kulturen ist mit dieser Haltung Vorsicht geboten, denn das Vorzeigen der Fußsohlen stellt eine schwere Beleidigung dar.

272

Recht locker hier

In Amerika ist es üblich, die Beine so übereinander zu schlagen. In Europa wird diese Haltung nur in einer ungezwungenen Umgebung akzeptiert. Das horizontale Bein wirkt wie eine Barriere.

273

Ich stimme nicht zu, sehe das Ganze aber locker

Die Beinbarriere kann noch betont werden, indem man die Arme darüberlegt oder das Schienbein mit den Händen umfasst. Die nach unten weisenden Handflächen lassen die Person abweisend wirken.

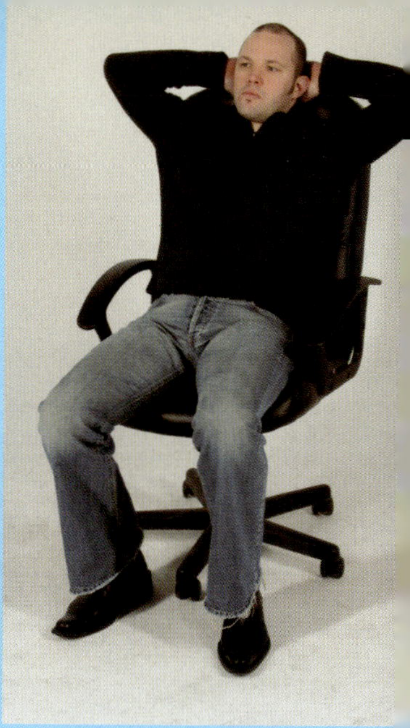

274

Gänzlich sorgenfrei

Dies ist eine der entspanntesten Haltungen überhaupt, die richtige Position, um von einem Urlaub in der Karibik zu träumen. Da der Oberkörper exponiert wird, wäre man Angriffen hilflos ausgeliefert. Wer sich so präsentiert, zeigt, dass er sich in seiner Situation vollkommen wohl und sicher fühlt.

275

Keine Panik

Gehen wir mit langsamen Schritten, zeigen wir, dass unsere Umgebung uns keine Angst macht. Wir haben alles unter Kontrolle und lassen uns durch äußere Reize nicht aus der Ruhe bringen.

Ich fühle mich wohl 276

Ihr Adrenalinspiegel ist niedrig und der Körper ist so wenig angespannt, dass die Stuhllehne Ihnen Halt geben muss.

Ich bin der Mann 277

Der stolzierende Gang zeichnet sich durch ein langsames Schwingen des Körpers aus – Kinn hoch, Brust raus und rollende Schultern, wie bei John Travolta in dem Film „Saturday Night Fever“. Dieser Gang lässt den Mann größer wirken und demonstriert gleichzeitig, dass er völlig gelassen ist.

278

Ich bleibe ein Weilchen

Lehnen wir uns entspannt an die Wand, machen wir deutlich, dass wir nicht unmittelbar aktiv werden wollen und nicht beabsichtigen, uns bald zu verabschieden.

Total locker 279

Ein Bein über die Armlehne zu hängen, ist ein Zeichen großer Entspannung. Ohne Rücksicht auf den eigenen Status lümmelt sich die Person breit im Stuhl. So vergrößert sie ihre Erscheinung und das in Anspruch genommene Territorium. Männer stellen in dieser Position ihr Geschlecht zur Schau.

280

Cooler Platz hier

Sich auf einen Tisch zu setzen, kann eine bewusst lässige Geste sein. Sie ist fast ausschließlich im informellen Rahmen möglich. Am Arbeitsplatz würde wohl kaum jemand wagen, sich im Gespräch mit dem Chef die Freiheit herausnehmen, sich so hinzusetzen.

281

Kein Stress

Wenn Sie angespannt sind und sofort zur Tat bereit sein müssen, sind Ihre Hände in Bereitschaft. Verstecken Sie dagegen eine Hand in der Hosentasche, zeigen Sie, dass Sie nicht unter Anspannung stehen.

282

Entspannt und alles im Griff

Tische sind eigentlich nicht dazu gedacht, dass man sich darauf setzt. Höchstens gegenüber Mitarbeitern, denen man viel Vertrauen oder wenig Respekt entgegenbringt, nimmt man sich die Freiheit heraus, sein Hinterteil auf einem Tisch zu parken.

!

Welchen Einfluss das Territorialverhalten auf unsere Haltung hat: Je nachdem, wie wir sitzen oder stehen, nehmen wir mehr oder weniger Raum ein. Selbstsichere oder dominante Menschen breiten gern ihre Besitztümer aus, legen ihre Arme über den Tisch und strecken ihre Beine weit von sich, um möglichst viel Territorium zu beanspruchen – so könnten sie auch gleich eine Flagge hissen.

283

Ich bin passiv

Wer auf einem Bein balanciert, steht weniger sicher und ist folglich verletzlicher. Man zeigt auch ein gewisses Maß an Passivität: Da die Beine „verschlungen“ sind, kann man nicht schnell reagieren.

284

Keine Gefahr

Wenn wir uns hinlegen, sind wir völlig entspannt. Wir fühlen uns so sicher, dass wir eine Haltung einnehmen, aus der wir nur sehr schwer und langsam mit Flucht oder Abwehr reagieren könnten.

6

Beredte Blicke

AUGEN
SIND DIE
FENSTER ZUR
SEELE.

Wir bemühen uns stets, zu unserem Gesprächspartner Augenkontakt aufzunehmen. Unbewusst hoffen wir, dass uns seine Augen etwas über seine Absichten, Reaktionen und Gefühle verraten.

OFFENER ODER VERSCHLOSSENER BLICK?

OB UNSERE AUGEN WEIT GEÖFFNET ODER ZU EINEM SCHMALEN SPALT VERENGT SIND – SIE TEILEN UNSEREN MITMENSCHEN EINE GANZE MENGE MIT.

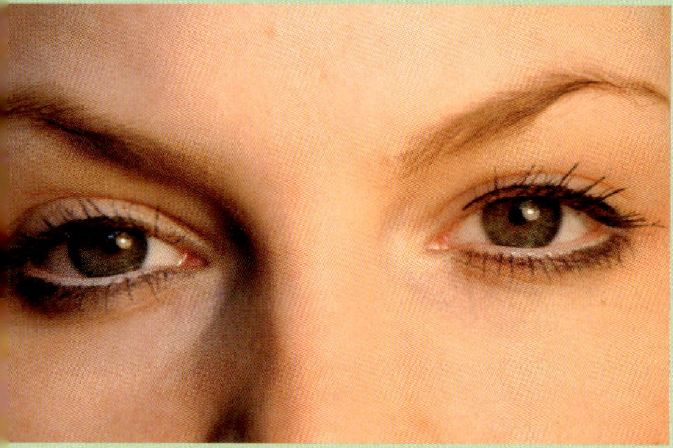

285 Fester Blick

Es ist erwiesen, dass sich unsere Pupillen verengen, wenn wir etwas sehen, das unser Missfallen erregt. Wenn Sie sich darauf konzentrieren, können Sie diese subtilen Reaktionen bei Ihren Mitmenschen beobachten.

286 Große Augen

So wie sich unsere Pupillen bei Missfallen verengen, weiten sie sich, wenn sie etwas erblicken, das uns gefällt.

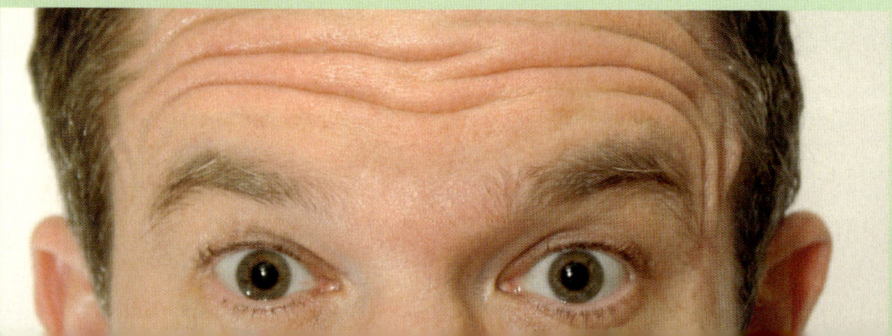

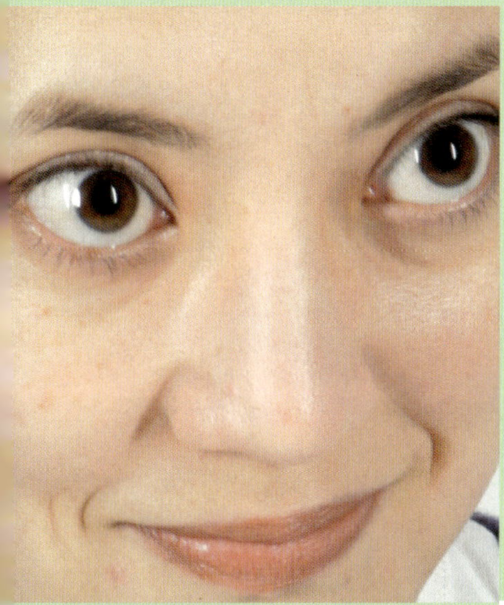

287 Sorge für mich

Große Augen finden wir attraktiv. Kugelrunde Babyaugen sind starke Signale, die in uns den Wunsch wecken, uns um das Baby zu kümmern und es zu beschützen.

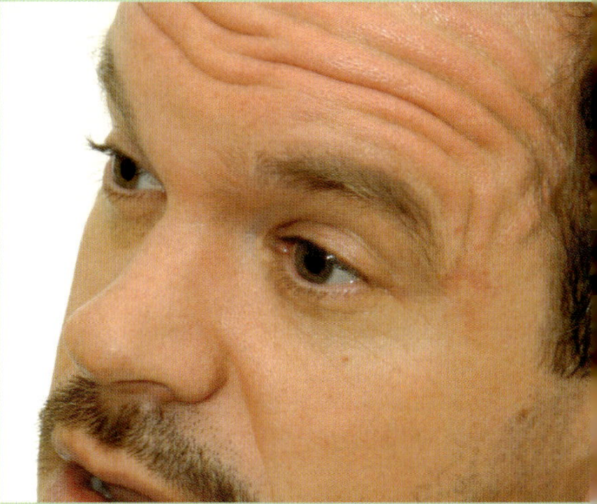

288 Ach, wirklich?

Heben wir beide Augenbrauen für längere Zeit, zeigen wir Überraschung oder Interesse. Unsere Augen wirken noch weiter geöffnet und größer.

289

Zwei Paar Augen

Warum tragen Menschen ihre Sonnenbrillen auf dem Kopf? Vielleicht weil es praktisch ist oder langes Haar zurückhält, aber es hat auch eine visuelle Wirkung. Die Brillengläser wirken wie zwei riesige Pupillen, wodurch wir uns sehr stark angesprochen fühlen.

290

Hast du große Augen!

Es ist wissenschaftlich erwiesen, dass wir vergrößerte Pupillen attraktiv finden. Mit dem richtigen Brillengestell kann man diese Anziehung erhöhen und den Eindruck von riesigen Augen unterstreichen.

291 Ich muss wegsehen!

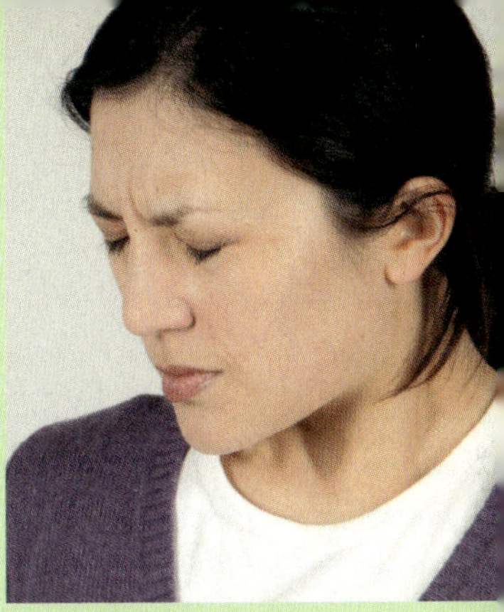

Beim Anblick einer erschreckenden Szene verschließen wir oft die Augen. Möchten wir für einen kurzen Moment etwas ausblenden, signalisieren wir dies durch lang anhaltendes Blinzeln.

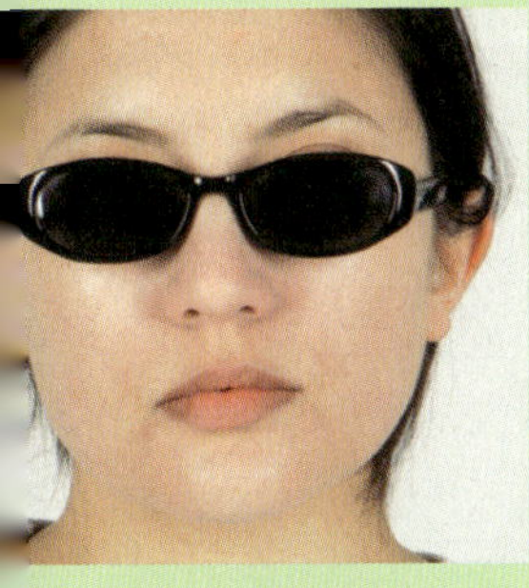

292 Etwas zu verbergen?

Es ist viel sagend, dass wir es als sehr störend empfinden, wenn jemand während eines Gesprächs mit uns eine dunkle Sonnenbrille trägt. Hört er überhaupt zu? Blickt er an uns vorbei? Wie reagiert er auf das Gesagte? Die Augen könnten darüber Aufschluss geben. Kein Wunder, dass ernsthafte Pokerspieler gerne dunkle Sonnenbrillen tragen.

293 Ich traue dir nicht

Das Gegenteil der großen, runden Babyaugen sind zu schmalen Schlitzen verengte Augen. Sie signalisieren Argwohn, Zweifel oder Heimlichtuerei.

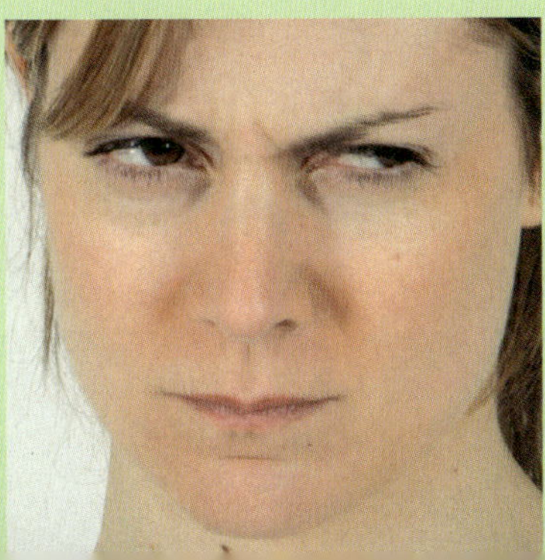

AUGENSIGNALE

DAS NEURLOLINGUISTISCHE PROGRAMMIEREN (NLP), IN DEN 1970ER-JAHREN VON RICHARD BANDLER UND JOHN GRINDER ENTWICKELT, GEHT DAVON AUS, DASS MAN VERSTEHEN KANN, WIE JEMAND INFORMATION VERARBEITET, INDEM MAN BEOBACHTET, WOHIN JEMAND SCHAUT, WÄHREND ER NACHDENKT. SIE KÖNNEN DAS SELBST AUSPROBIEREN, INDEM SIE BESTIMMTE FRAGEN STELLEN. BEI LINKSHÄNDERN GILT ALLES ENTSPRECHEND ANDERSHERUM.

294 Im Selbstgespräch?

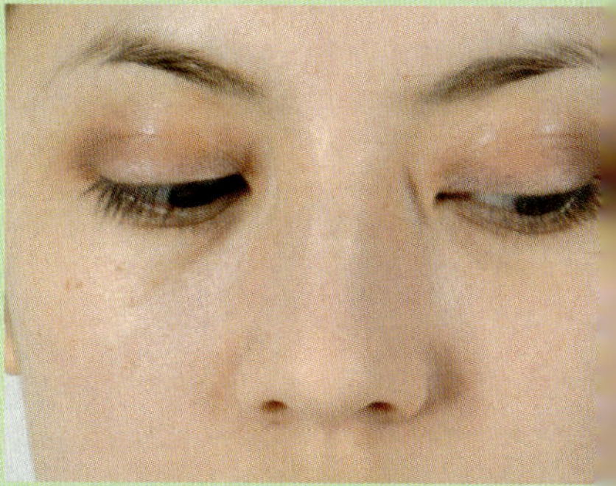

Die Augen blicken nach links unten: Hier führen Sie ein Selbstgespräch, wie etwa: „Wo sind nur die Schlüssel?“ oder „Warum treffe ich nie mit meiner Rückhand?“

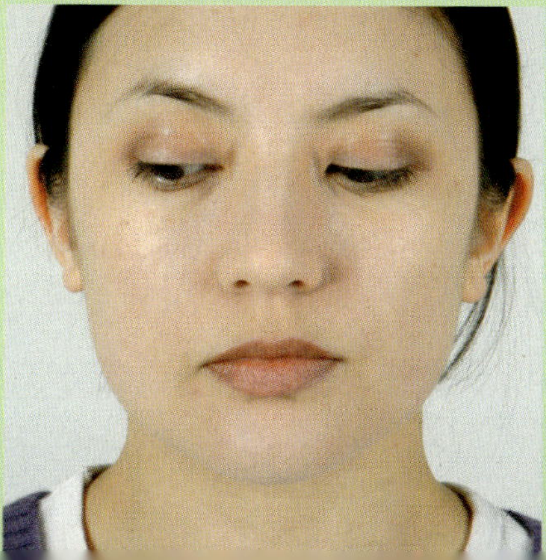

295 Meine Gefühle

Die Augen gehen nach rechts unten: Wenn man über seine Gefühle und Empfindungen nachdenkt, blickt man häufig so. Fragen Sie Ihre Freundin doch mal: „Was hast du gefühlt, als du deinen Exfreund das letzte Mal gesehen hast?“ … Und?

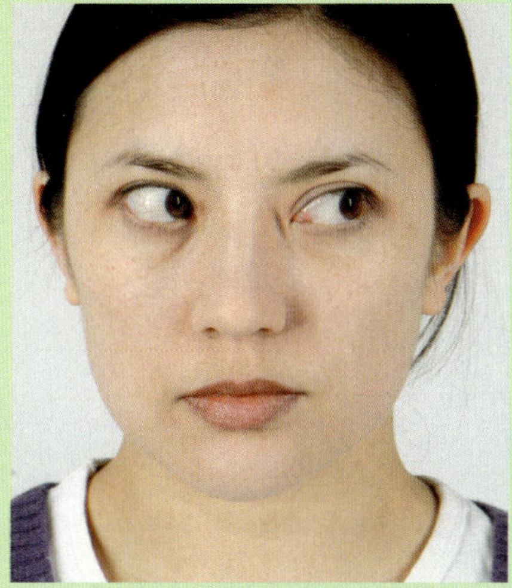

296

Welche Melodie ist das?

Man blickt nach links, wenn man sich an eine Melodie erinnern will. „Welche Musik spielt dort gerade?“

297

Wie würde das klingen?

Der Blick geht nach rechts, wenn man sich einen Klang oder ein Geräusch vorstellt – zum Beispiel: „Wie würde das klingen, wenn ein Klavier aus dem dritten Stock auf die Straße fiele?“

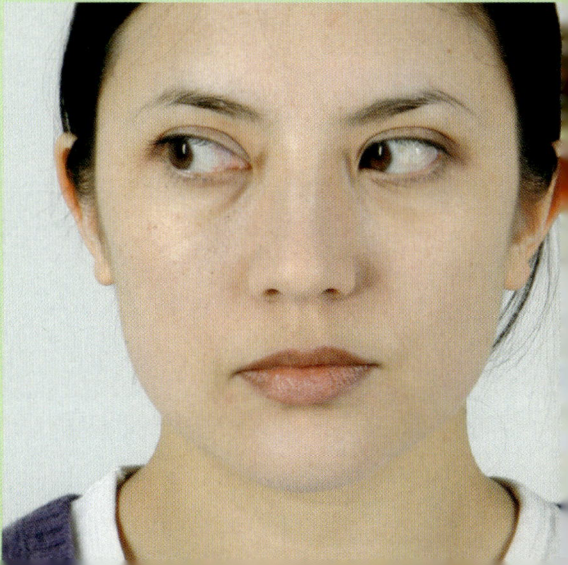

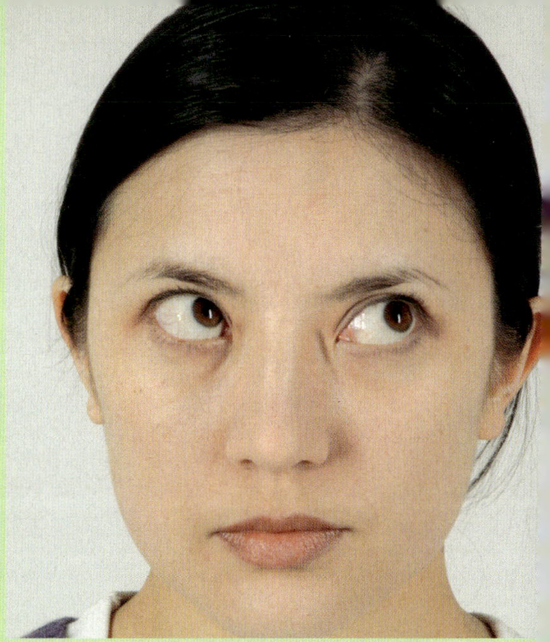

298

Wie sah das nochmal aus?

Der Blick geht nach links oben, wenn Sie versuchen sich zu erinnern, wie etwas aussah. Sie können dies ausprobieren mit einer Frage wie: „Welche Farbe hat dein Schlafzimmer?“

299 Wie würde das aussehen?

Der Blick geht nach rechts oben: Dies ist bei manchen Menschen der Fall, wenn sie sich etwas bildlich vorstellen. „Stelle dir einen blauen Hund auf Rollschuhen vor.“ Bandler und Grinder behaupten, dass jemand, der so blickt, eher etwas konstruiert als erinnert. Sie sollten jedoch nicht versuchen, Lügen damit aufzudecken. Das könnte schiefgehen.

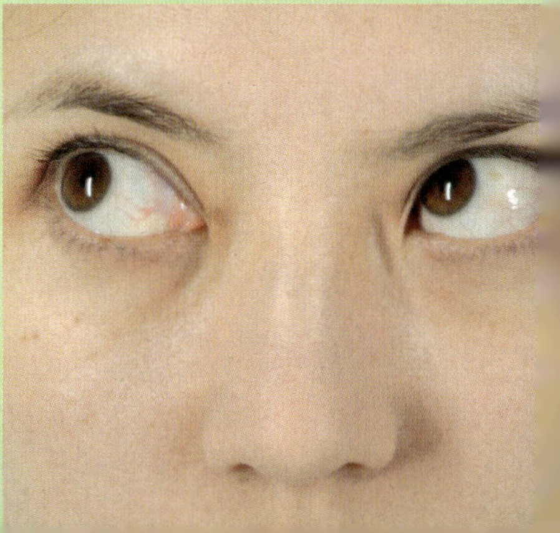

WAS DIE AUGEN VERRATEN

DIE AUGEN SPRECHEN IHRE EIGENE SPRACHE. IHRE AUSSAGE ZU VERSCHLEIERN ODER ZU VERFÄLSCHEN IST NAHEZU UNMÖGLICH.

300 Bin ich schön?

Die Menschen haben eine beachtliche Erfindung gemacht, die ihr Putzverhalten unterstützt ... den Spiegel. Alle anderen Lebewesen müssen bei der Partnerwerbung ohne den Luxus eines Selbstbildnisses auskommen. Immer und überall möchten wir uns herrichten können: Ein Spiegel gehört zur Grundausstattung jeder Umgebung!

301 Du kannst mir trauen

Ein angemessener Augenkontakt erweckt Vertrauen, Offenheit, Nähe und Interesse. Ohne Angst begegnen wir dem Blick des anderen und freuen uns über die Aufmerksamkeit, die uns zuteil wird.

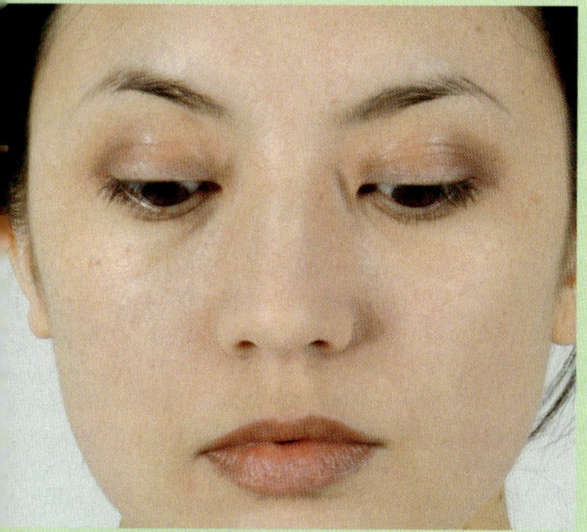

302

Nicht belästigen

Zu Boden gerichtete Blicke vermitteln Schüchternheit, Unsicherheit oder einen Mangel an Zuversicht. Häufig wird gleichzeitig auch durch die Körperhaltung Unsicherheit signalisiert.

303

Da drüben

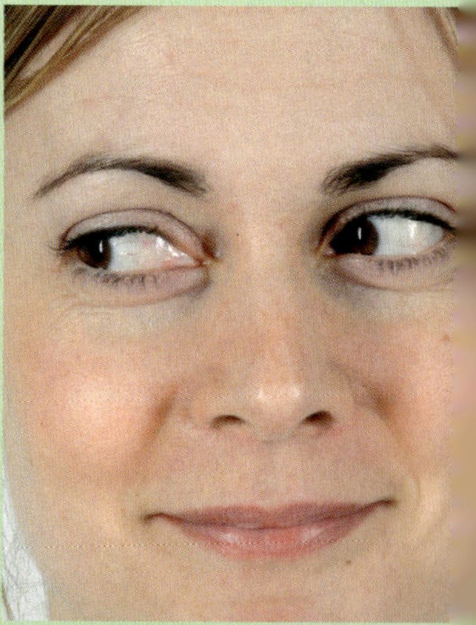

Bewusst oder unbewusst kann man mit den Augen auf etwas zeigen. Diskret kann man dem Partner zu verstehen geben, dass man gerne gehen möchte. Manchmal sind die Augen jedoch verräterisch. Etwa wenn sie voller Verlangen immer wieder auf die Pommes frites fallen, die unser Partner übrig gelassen hat …

304 Ich weiß, ich bin schuld

Man blickt weg – wie ein Kind, das mit der Hand in der Keksdose erwischt wurde. Schuldbewusst meiden wir jeglichen Augenkontakt, wenn wir zur Rede gestellt werden. Die Unterordnung kann zur Gewohnheit werden, sodass wir verlernen, selbstbewusst aufzutreten.

305 Nicht zu glauben, was passiert ist

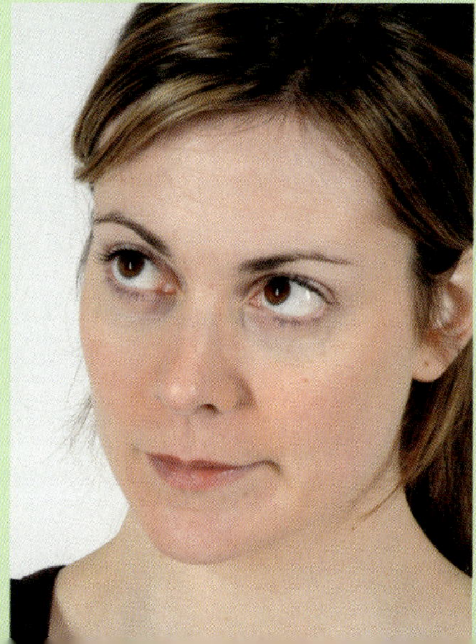

Augenrollen: Wenn unsere Ungläubigkeit zu groß geworden ist, können wir nur noch unseren Blick abwenden. Wir rollen die Augen erst zum Himmel und anschließend, in einem abwärts gerichteten Bogen, von einer Seite auf die andere.

Wie interessant!

IN DER KOMMUNIKATION MIT ANDEREN KANN UNSER INTERESSE ODER ENGAGEMENT für das Gesagte sehr stark schwanken. Manchmal erregt und begeistert uns, was wir hören. Ein andermal täuschen wir Interesse nur vor. Gelegentlich zeigen wir sogar offen, dass wir uns unendlich langweilen.

INTERESSE, ZUHÖREN UND KONZENTRATION

MEIST MERKT MAN UNS DEUTLICH AN, OB WIR EIN GESPRÄCH ANREGEND UND INTERESSANT FINDEN. WIR SIND WACH, FOKUSSIERT UND AKTIV.

306 Ich höre dir gerne zu

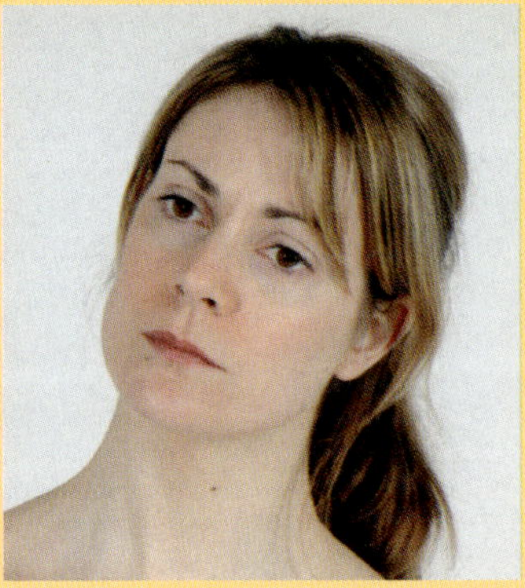

Der auf die Seite geneigte Kopf kann ein Hinweis darauf sein, dass wir zuhören. Die Haltung ist das Gegenteil des aggressiven, ganz gerade gehaltenen Kopfes. Sie erinnert auch an ein Kind, daran, wie ein Kind seinen Kopf bei den Eltern anlehnt.

307 Sprich weiter

Wenn wir nicken, während jemand uns etwas erzählt, vermitteln wir ihm: „Ja, ich folge dir, sprich weiter!“ Nicken wir langsam oder an bestimmten Stellen im Gespräch, zeigen wir, dass wir aktiv und engagiert zuhören.

308

Vertraue mir

Die geöffneten, nach oben weisenden Handflächen signalisieren, dass Sie nichts verbergen. Es ist die typische Handhaltung bei einer Bitte oder einem Appell.

309

Ich bin sehr konzentriert

Es ist Ihnen vielleicht schon einmal aufgefallen, dass manche Menschen ihre Zunge leicht vorstrecken, wenn sie sehr konzentriert sind. Es wurde vermutet, dass sich hier die Verhaltensweise erhalten hat, mit der Babys mitteilen: „Ich bin beschäftigt" oder „Ich brauche keine Nahrung."

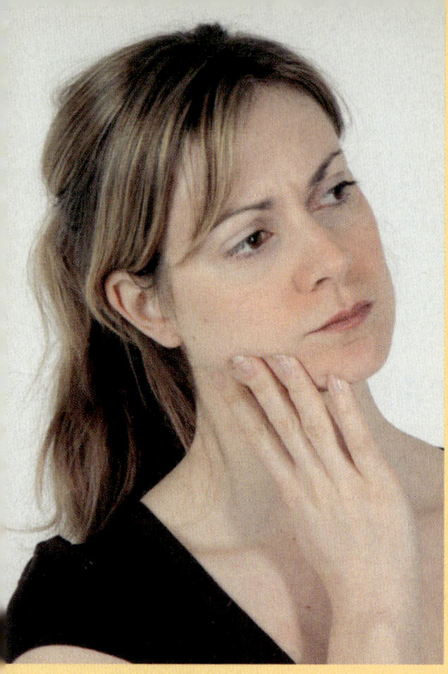

Ich bin interessiert, aber etwas besorgt mich

310

Der auf die Fingerspitzen gestützte Kopf lässt vermuten, dass wir aktiv zuhören, denn der Kopf wird vorwiegend vom Nacken getragen. Die Finger dienen wohl eher als emotionale Stütze.

311

Ich höre zu und überlege, wie ich selbst betroffen bin

Wieder wird das Hauptgewicht des Kopfes vom Nacken getragen, was zeigt, dass die Person aktiv zuhört. Der stützende Finger kann jedoch ein Hinweis darauf sein, dass die Person sich bedroht fühlt, da die Hand und der Finger eine Seite des verletzlichen Kopfes schützen.

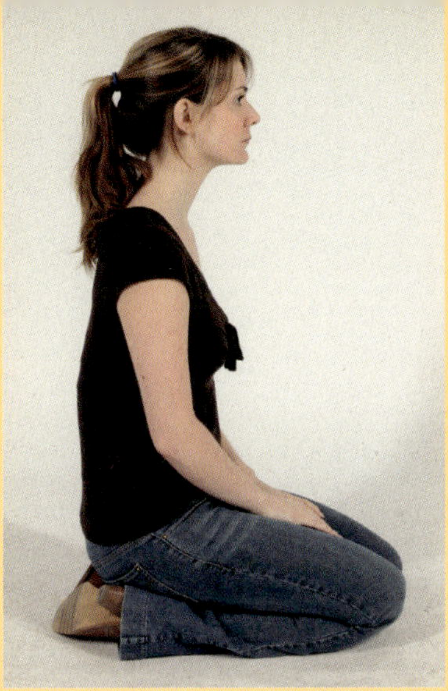

Ich bin wachsam 312

Diese Sitzhaltung erfordert ein gewisses Maß an Beweglichkeit, ermöglicht uns aber, eine Sache aufmerksam zu verfolgen. Da man sich jedoch nur umständlich wieder erheben kann, ist man in dieser Position recht handlungsunfähig.

Was du sagst, interessiert mich

313

Sie sind in einer Gruppe und haben in den ersten fünf Minuten nichts zur Unterhaltung beigetragen. Schließlich nehmen Sie allen Mut zusammen und werfen eine Bemerkung in die Runde. Entweder zeigt die Gruppe und insbesondere ihr Wortführer gar keine Reaktion – dann können Sie genauso gut sofort gehen –, oder man wendet sich Ihnen zu … dann haben Sie ihre Aufmerksamkeit.

314

Ich bin offen und höre zu

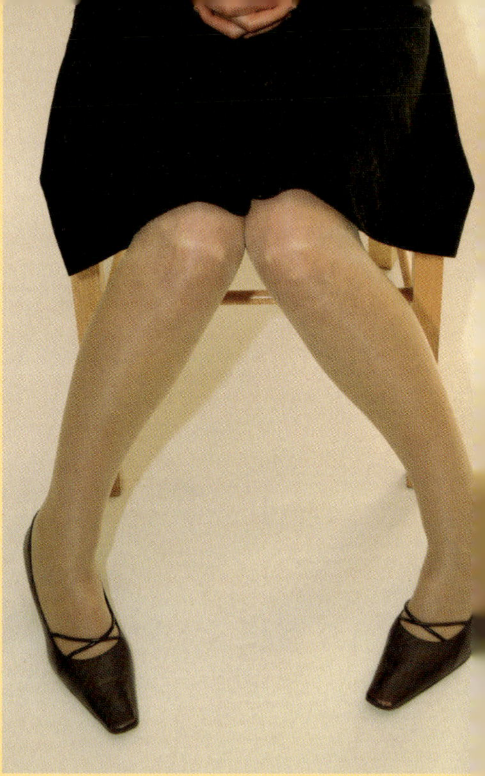

Wenn Frauen einen Rock oder ein Kleid tragen, gibt es wenige Sitzpositionen, in denen sie nicht riskieren, zu viel preiszugeben. Wenn sie sich beim Zuhören nach vorne neigen, werden sie entweder ihre Beine eng aneinander schmiegen oder bei ausgestellten Unterschenkeln ihre Füße nach innen drehen.

!

Sie wollen sich die Aufmerksamkeit einer Gruppe sichern? Wie man Interesse weckt, ist keine exakte Wissenschaft, aber folgende Details sind wichtig:

- **Augenkontakt**
- **Gesichtsausdruck**
- **Nicken**
- **Angemessene Gesten**
- **Engagierte Körperhaltung**

315 Von Mann zu Mann

Wenn zwei Männer sich unterhalten, stehen sie meist im 90-Grad-Winkel zueinander. Sich direkt gegenüber zu stehen, empfänden sie als aggressiv. Eine Frau dagegen interpretiert das als Fluchtverhalten und stellt sich dem Mann direkt gegenüber – man weiß ja nie, es könnte ja zu einem Tänzchen kommen! Anders dagegen, wenn ein Mann eine Frau sexuell attraktiv findet. Dann schenkt er ihr seine ganze frontale Aufmerksamkeit.

Lass uns reden 316

Auch im Sitzen ist es Männern angenehmer, sich im 90-Grad-Winkel zum Gesprächspartner zu platzieren. Mit der Frontalhaltung verbinden sie Konfrontation und Konkurrenz.

317

Lass mal sehen

Männern ist es recht angenehm, neben dem Gesprächspartner zu sitzen, ohne sich ihm zuwenden und aktiv zu ihm Kontakt aufnehmen zu müssen. Die Haltung vermeidet die direkte Konfrontation.

318

Erzähl weiter

Frauen fühlen sich weniger bedroht, wenn sie einander direkt gegenübersitzen. Sie verbinden die Haltung nicht mit Aggression und nehmen gerne zu ihrer Gesprächspartnerin engen Kontakt auf.

DAS IST ZUM GÄHNEN

MAN DENKE NUR ZURÜCK AN DEN LATEINUNTERRICHT IN DER SECHSTEN STUNDE ... DER AUFGESTÜTZE KOPF, GÄHNEN, KRITZELEIEN MIT DEM ABGEKAUTEN BLEISTIFT ... HIER HABEN WIR ALLE ZEICHEN DER LANGEWEILE.

319 Mir ist langweilig

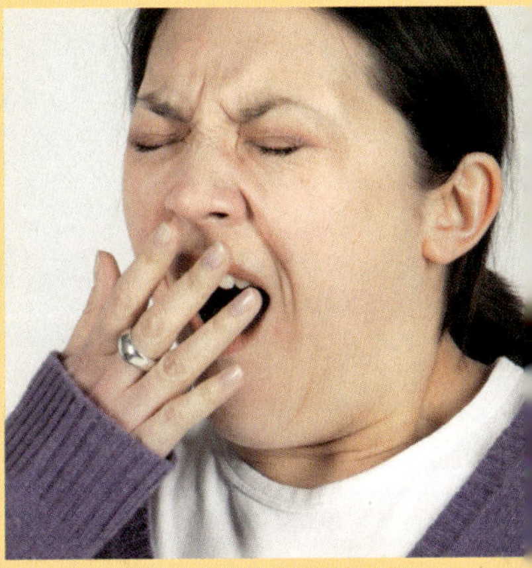

Man gähnt nicht nur, wenn man müde ist, sondern Gähnen ist auch das universelle Signal für Langeweile. Manchmal kämpfen wir dagegen an, halten unsere Augen geöffnet und legen die Hand vor den Mund. Wenn es uns unbewusst entschlüpft, entschuldigen wir uns schnell. Sarkastische Mitmenschen fragen gern: „Habe ich dich geweckt?“

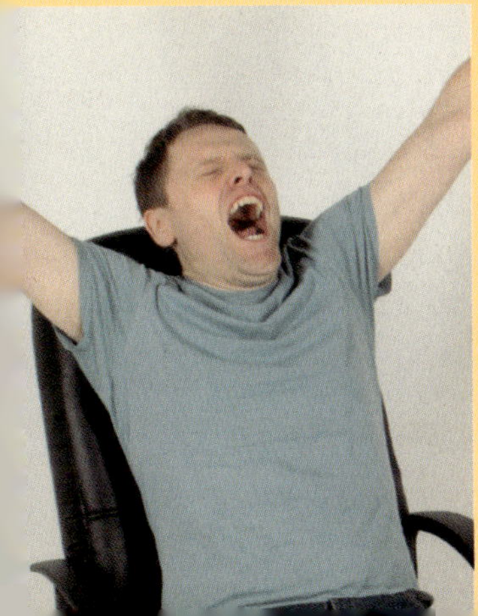

320 Ich muss mich strecken

So wie unser Gähnen an Müdigkeit denken lässt, ähnelt auch das Strecken der Glieder einem Verhalten, das mit Schlaf in Verbindung steht ... als wären wir gerade aufgestanden und müssten unsere müden Glieder strecken.

321

Ich muss mich beschäftigen

Wenn uns nicht interessiert, was wir hören, suchen wir uns manchmal etwas anderes, das uns beschäftigt oder herausfordert … zum Beispiel Däumchendrehen.

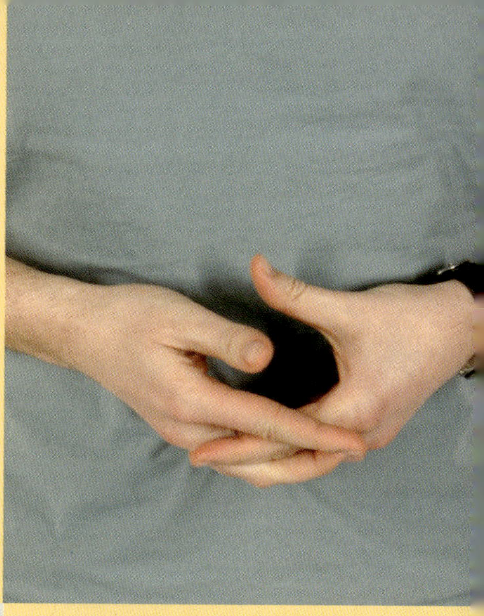

322

Geistesabwesend

Gelegentlich sind wir so gelangweilt, dass unsere Gedanken abschweifen und wir völlig vergessen, wo wir sind. Wir zeigen ein Verhalten, das eigentlich der Privatsphäre vorbehalten ist – wie Nasebohren.

323

Ist der Anrufer vielleicht interessanter?

Entweder ist das Handy auf stumm gestellt oder er prüft, ob eine neue Textmeldung eingegangen ist. Jedenfalls hat Ihre Unterhaltung gerade keine Priorität.

324

Ich bin ganz woanders

Auch wer kritzelt, kann zuhören. Aber tut er das wirklich? Geht die Kommunikation in beide Richtungen? Wenn Ihr Gesprächspartner 23 perfekte Parallelogramme zeichnet, hängt er vermutlich nicht an Ihren Lippen.

325 Ich bin ganz in Gedanken

Stellen Sie sich vor, Sie gehen mit einem berühmten Film- oder Sportstar aus. Würden Sie auf das Etikett Ihrer Bierflasche starren, es langsam abreißen und dabei an andere Dinge denken? Wahrscheinlich nicht. Wer sich so beschäftigt, „hört" vielleicht zu, ist aber wohl kaum ganz bei der Sache.

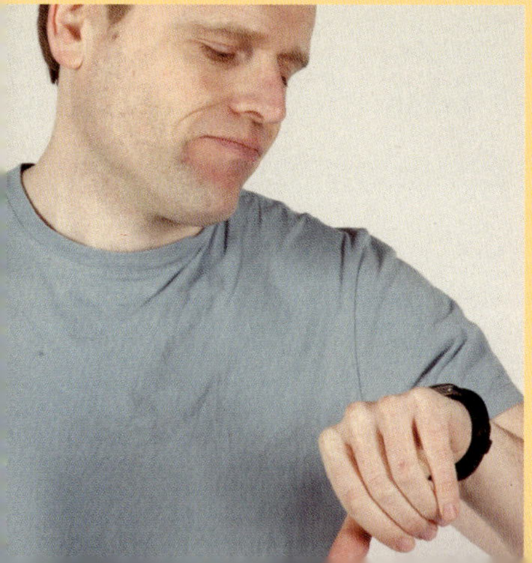

326 Wann ist das endlich vorbei?

Der Blick auf die Uhr: Ob heimlich unter dem Tisch der Ärmel zurückgezogen wird oder man einen demonstrativen Blick auf die Uhr eines anderen wirft – die Botschaft ist dieselbe: „Werde endlich fertig!"

327

Wem ist das nicht schon passiert: Wir unterhalten uns, und unser Gesprächspartner blickt über unsere Schulter, um jemand anderen zu finden. Bleiben Sie höflich. Entfernen Sie sich mit der Ausrede, „einen Freund zu suchen“.

Wie werde ich den bloß los?

328

Ich bin verträumt

Der Blick geht in den leeren Raum: Wenn wir tatsächlich zuhören, entschlüsseln wir gleichzeitig die zahlreichen visuellen Hinweise. Sind wir gelangweilt, blicken die Augen ins Leere, und kurz darauf folgt den Augen der Geist.

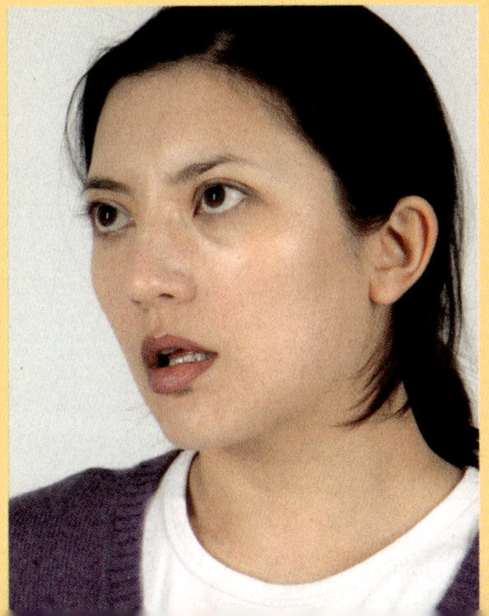

329

Ist das öde

Interesse und Anteilnahme zeigen sich durch Aktionsbereitschaft. Je tiefer man in den Stuhl hineinsinkt, desto passiver wird man und desto mehr offenbart man sein Desinteresse.

!

Gähnen ist ein universelles Signal für Langeweile. Es bedeutet nicht unbedingt, dass man müde ist. Aber es kann auch vorkommen, dass man gähnt, wenn man extrem nervös oder gestresst ist. In diesem Fall handelt es sich um eine Übersprungshandlung – man gähnt anstelle der eigentlich gewünschten Handlung, die man jedoch in der aktuellen Situation unmöglich ausführen kann.

330

Sie haben resigniert und stellen sich darauf ein, dass sich Ihre Situation auf längere Zeit verschlechtert. Nichts wird Sie in Ihrer gedrückten Stimmung so schnell aufheitern können.

Ich werde mich damit abfinden müssen

Worauf warten wir?

331

Hat ein Publikum lange gewartet, beginnt es manchmal, langsam in die Hände zu klatschen. Es möchte, dass die Show beginnt – und drückt seine Unzufriedenheit aus. Langsames Klatschen ist eine ironische Bezugnahme auf Beifallklatschen!

ERREGUNG, NERVOSITÄT ODER UNGEDULD

ERREGUNG ZEIGT SICH DURCH BEREITSCHAFT UND HINBEWEGUNG AUF EIN ZIEL.

332 Gehen wir!

Der auf die Zehen gestellte Fuß zeigt, dass man zum Aufbruch bereit ist. Dies ist die Fußhaltung, die man einnimmt, wenn man aufsteht.

333 Ich bin eifrig

Wer sich auf dem Stuhl nach vorne neigt, demonstriert eine Absicht – entweder die Absicht zu sprechen oder zuzuhören. In jedem Fall ist die Person nicht entspannt und passiv.

334

Ich bin gespannt

„Das Publikum war völlig aus dem Häuschen!“ Sie verfolgen die letzen Minuten der Weltmeisterschaft, es ist Gleichstand und es wird eine rote Karte ausgegeben. Jetzt lehnen Sie sich nicht zurück, um distanziert zu beobachten, wie es ausgeht; Sie machen sich bereit aufzuspringen und einzuschreiten!

335

Siehst du mich?

Kinder stellen sich gerne auf die Zehen. Eine praktische Art, sich zu vergrößern und mehr zu sehen! Ein Erwachsener mag zu diesem Mittel greifen, um über eine Menschenmenge hinweg jemanden auf sich aufmerksam zu machen.

336

Ich bin ganz bei der Sache

In entspanntem Zustand sinken unsere Schultern durch das Gewicht der Arme nach unten, und gerne stützen wir uns an der Rückenlehne unseres Stuhls ab. Sind wir angespannt und aktionsbereit, sitzen wir aufrecht wie die Meerkatzen.

337

Ich kann es kaum erwarten

Reibt man seine flachen Hände, lässt man andere wissen, dass man aufgeregt und voller positiver Erwartung ist.

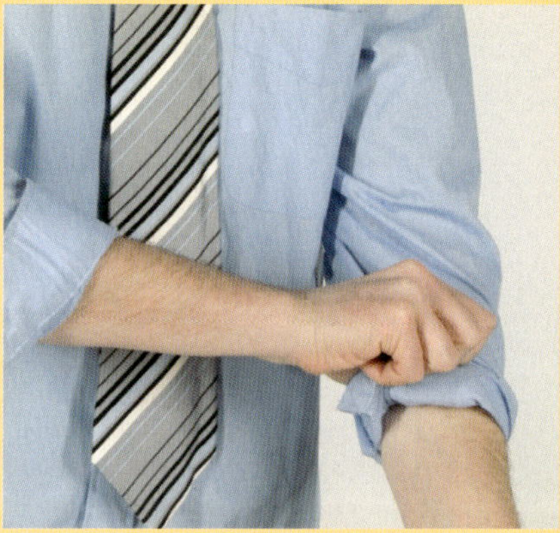

338

Krempeln wir unser Ärmel hoch, sind wir bereit, eine Sache anzupacken, und das gerne. Diese Handlung stand ursprünglich mit körperlicher Arbeit in Zusammenhang und zeigt heute eher symbolisch, dass wir zur Tat bereit sind.

Packen wir es an

339

Ich leiste meinen Teil

Die Hände auf dem Tisch zeigen, dass wir nichts zu verbergen haben. Wir sind bereit, unseren Beitrag zu leisten – als wäre es eine physische Handlung und nicht eine Unterhaltung, die es zu bestreiten gilt.

PASSIVITÄT, WIDERSPRUCH UND DESINTERESSE

WIR STIMMEN NICHT ALLEM ZU, WAS WIR HÖREN, AUCH INTERESSIERT UNS SELTEN JEDES WORT … MEISTENS STELLEN WIR DAS OHNE WORTE KLAR.

340

Die geschlossene Faust kann Konkurrenz oder Herausforderung andeuten. Alternativ können die Gelenke und der drohende Finger auf gewisses, wenn auch geringes, Engagement schließen lassen.

Ich werde den Sprecher herausforder

Ich bin nicht einverstande

341

Die Faust lässt auf Aggression oder eine kämpferische Haltung schließen. Der Handrücken zeigt nach außen und unterstreicht den Eindruck, dass die Person eine abweichende Meinung vertritt.

342 Ziemlich uninteressant

Sehen Sie sich das Publikum bei einem spannenden Wettkampf, kurz vor dem Ende einer atemberaubenden Show oder eines fantastischen Kinofilms an … Sie werden kaum jemanden sehen, der seinen Kopf mit der Hand aufstützt.

343 Ich stimme nicht zu, sage es aber nicht

Die ineinander verschränkten Finger können andeuten, dass eine Person sich im Zaum hält. Je höher die Hände gehalten werden, desto defensiver und weniger offen neigt man zu sein.

344 Komm auf den Punkt

Trommelnde Finger, sie bedeuten eine schnelle Bewegung und die Nachahmung rennender Füße … kein Zweifel, hier ist die Geduld bald am Ende!

345 Ja, ich höre zu, und ich möchte auch etwas sagen

Durch schnelles Nicken wird der Sprecher gedrängt, zu einem Ende zu kommen. Der Zuhörer lässt durchblicken, dass die Botschaft empfangen und verstanden wurde und dass er sich nun ebenfalls einbringen möchte.

Der Vorschlag ist schlecht, schwierig oder unpassend 346

Lehnen wir uns mit unserem Stuhl zurück, möchten wir uns physisch von einer Idee distanzieren, die uns nicht behagt oder über die wir erst noch gründlich nachdenken müssen. Oft atmen wir dazu lang und tief ein.

347 Der Kopf ist nicht, wo der Körper ist

Ihr Blick teilt einer Person mit, dass Sie sie wahrgenommen haben. Ihr Körper zeigt jedoch in eine andere Richtung und verrät, dass Ihr wahres Interesse woanders liegt – es gilt einer anderen Person oder der Tür!

348

Bring mich weg von dieser Person

Unbewusst neigen wir uns den Dingen und Personen zu, die uns behagen, und von denen weg, die wir nicht mögen. Selbst ein leichtes Wegdrehen des Körpers zeigt unsere Abneigung.

In unserer Unterhaltung ist kein Platz für dich

349

Wendet uns jemand seinen Rücken zu, empfinden wir das als doppelt beleidigend. Erstens findet man uns nicht interessant genug, um uns Aufmerksamkeit zu schenken, und zweitens werden wir verächtlich als unbedrohlich eingestuft, sodass uns unbedenklich die schwache, verletzliche Seite zugewandt werden kann.

ETWAS FÜR SICH BEHALTEN

MANCHE MENSCHEN SIND IM UMGANG MIT ANDEREN SEHR DIREKT. WÜRDEN WIR JEDOCH IMMER UND ÜBERALL SAGEN, WAS UNS DURCH DEN KOPF GEHT, WÜRDEN WIR UNS VIELE FEINDE MACHEN. WIR HABEN GELERNT, NICHT MIT JEDEM GEDANKEN HERAUSZUPLATZEN. ABER MANCHMAL VERRÄT UNSER KÖRPER, DASS WIR ETWAS FÜR UNS BEHALTEN.

350 Ich äußere mich nur mit Bedacht

Unsere Hände sprechen Bände. Bringen Sie einmal einen Italiener dazu, beim Sprechen die Hände hinter dem Rücken zu verstecken. Folter! Wer seine Hände zum Schweigen bringen möchte, kann sie auch unter dem Tisch verstecken.

Ich lehne die Idee ab, sage aber nichts

351

Die verschränkten Arme alleine stellen schon eine Barriere dar. Indem wir die Arme auch noch mit den Händen umfassen, geben wir zu verstehen, dass wir uns zurückhalten, etwas zu sagen oder zu tun.

352 Ich höre zu, würde aber gerne selbst sprechen

Haben Sie schon einmal beobachtet, dass sich jemand die Hand über den Mund legt, während er Ihnen zuhört? Vielleicht hält er sich gewaltsam zurück, um Ihnen nicht ins Wort zu fallen. Geben Sie ihm doch auch einmal Gelegenheit, etwas zu sagen!

353 Es interessiert mich nicht, aber ich behalte es für mi

Wenn jemand seinen Mund mit der Hand bedeckt und den Kopf darauf aufstützt, ist er wahrscheinlich wenig interessiert. Schlimmer noch, er wird es Ihnen nicht sagen, denn er hält sich aktiv den Mund zu.

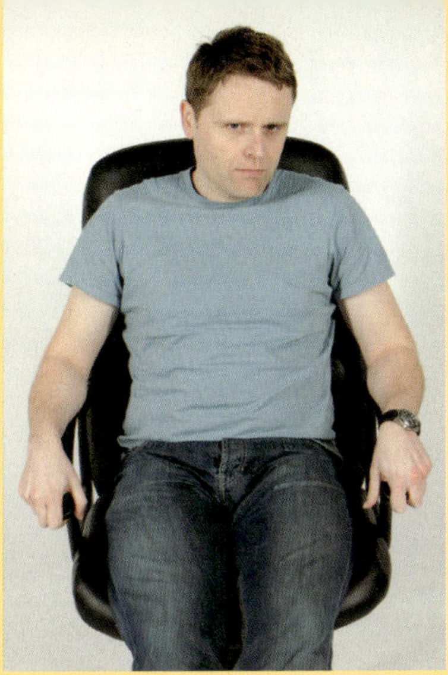

354

Ich halte mich hier zurück

Als würden wir dagegen ankämpfen, aus dem Stuhl geschleudert zu werden, packen die Hände die Armlehnen und halten uns davon ab, aufzuspringen und aktiv zu werden.

355

Ich halte mich da ganz raus

Sieht man eine Filmaufnahme ohne Ton von mehreren Personen, die sich unterhalten, kann man meist anhand der Gesten erkennen, wer gerade spricht. Sitzt jemand auf seinen Händen, zeigt er keine Absicht, sich an dem Gespräch zu beteiligen. Er hat sich innerlich verabschiedet.

Ganz schön sexy!

UNSERE KÖRPERSPRACHE IST ZUM GROSSEN TEIL AUSDRUCK EINES UNSERERER STÄRKSTEN UND ELEMENTARSTEN TRIEBE ...

SEX.

Wir Menschen machen uns für das andere Geschlecht vor allem dadurch interessant, dass wir die spezifischen Geschlechterunterschiede betonen. Die Körpersprache dient uns dabei dazu, unsere Attraktivität zu erhöhen.

WERBEN UND FLIRTEN

MÄNNER KLAGEN OFT: „WARUM MÜSSEN IMMER WIR DEN ERSTEN SCHRITT MACHEN?" UND TATSÄCHLICH IST ES OFT DER MANN, VON DEM DIE ANNÄHERUNG AUSGEHT, DOCH HAT DIE FRAU IHN ZUVOR MEIST DURCH ZAHLREICHE NONVERBALE SIGNALE DAZU AUFGEFORDERT – UND UNBEWUSST HAT DER MANN DIE AUFFORDERUNG JA AUCH VERSTANDEN …

356 Du bist interessant

Die ausgestreckte Fußspitze: Oft verringern wir die Distanz zu den Menschen, die uns sympathisch sind. Das kann auch unbewusst geschehen, zum Beispiel, indem wir, im Sitzen oder im Stehen, der betreffenden Person unsere Fußspitze entgegenstrecken.

Komm näher 357

Das zeigende Knie: Auch im Sitzen können wir einem Gesprächspartner unsere Sympathie bekunden, indem wir unser Knie in seine Richtung zeigen lassen – so verringern wir die Distanz. Manchmal wird dabei noch ein Fuß unter das Gesäß oder den Schenkel geschoben.

358

Ich schätze dich ab

Sind wir an einer Person interessiert, prüfen wir, ob sie sich als Partner eignet. Wir untersuchen sie von Kopf bis Fuß, als wollten wir ihre Attraktivität bewerten. Gesicht, Gewicht, Größe und Statur, auch „Schmuck“ wie die Kleidung werden taxiert. Ein eventuell vorhandener Verlobungs- oder Ehering gibt Aufschluss darüber, ob die Person überhaupt frei ist.

359

Ich bin interessiert

In unsere Intimsphäre darf kein Fremder eindringen. Wenn jemand in diese Zone vordringt, zeigt er ein deutliches Interesse an uns. Umgekehrt geben wir unser Einvernehmen zu verstehen, wenn wir vor dem Eindringling nicht zurückweichen.

360

Schau endlich weg

Vielleicht sind Sie etwas zu stürmisch … Ist einer Frau die Aufmerksamkeit unangenehm, die ein Mann ihr entgegenbringt, bemüht sie sich, Distanz zu schaffen. Sie signalisiert das zum Beispiel, indem sie ihre nackte Haut bedeckt – und sich die Ärmel ihres Pullovers über ihre Handgelenke streift.

!

Wange an Wange tanzen: In der Körpersprache gesteht man Personen, für die man Zuneigung empfindet, körperliche Nähe zu. Dies zeigt sich, wenn ein Paar eng umschlungen miteinander tanzt. Bei langsamen und schnellen Tänzen kann man oft beobachten, dass flirtende Paare eine größere Annäherung zulassen, als es der vorherrschenden kulturellen Norm entspricht.

361 Probier mich, ich bin anders

Wer so sitzt, möchte seine Individualität zum Ausdruck bringen. Der Intimbereich wird zwar offen dargeboten, aber dennoch durch die Barriere der Stuhllehne und der verschränkten Arme abgeschirmt.

362 Zieh mich aus

Nestelt eine Frau an ihrem Schuh oder zieht sie ihn gar an und aus, steht dies symbolisch für den Geschlechtsverkehr. Der liebkoste Schuh ist in diesem Fall ein Phallusersatz.

363 Ich möchte dir näher sein

Rückt man mit seinem Stuhl näher an eine Person heran, möchte man sich vielleicht nur ihre Aufmerksamkeit sichern. Möglicherweise zeigt man damit aber auch unbewusst, dass man den Flirt mit seinem Gegenüber genießt.

364 Ich würde dich gerne besser kennen lernen

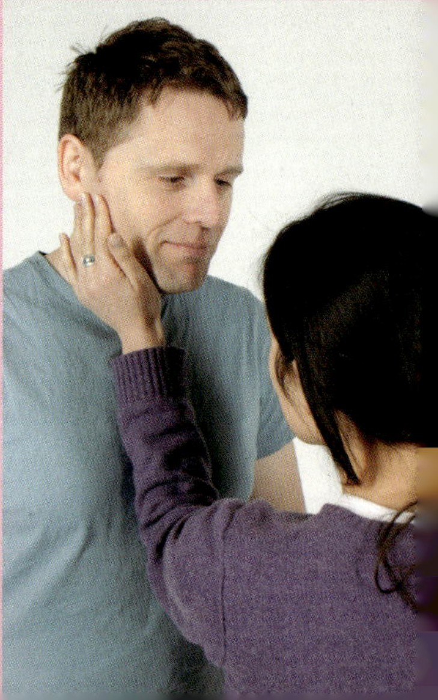

Würden Sie einen Kollegen oder einen Bekannten jemals so streicheln? Das ist eher unwahrscheinlich. Eine solche Geste ist intimen Situationen vorbehalten.

HALLO JUNGS

DIE EVOLUTION ZEIGT: WEIBCHEN MÜSSEN SIGNALISIEREN, DASS SIE GEBÄRFÄHIG SIND, UM AUF MÄNNCHEN ATTRAKTIV ZU WIRKEN. WAS HEISST DAS BEIM MENSCHEN? FRAUEN MACHEN DEUTLICH, DASS SIE NOCH ZU HABEN, NICHT SCHWANGER, JUNG UND GESUND SIND. SEIEN SIE ABER VORSICHTIG BEI DER DEUTUNG DER NACHFOLGENDEN SIGNALE. ÜBEN SIE IM ZWEIFEL ZURÜCKHALTUNG ... UND INTERPRETIEREN SIE EIN EINZELNES NONVERBALES SIGNAL NIE ALS AUFFORDERUNG.

365 Ich möchte dich berühren

Die versehentliche Berührung: Menschen reagieren unterschiedlich auf Körperkontakt. Wenn eine Frau Sie wiederholt im Vorübergehen streift oder berührt, hat sie vielleicht Interesse an Ihnen.

366 Ich bin sehr weiblich

Der Po von Jennifer Lopez ist weltberühmt und wurde zu ihrem Markenzeichen. Das Gesäß der Frau gilt als Zeichen für ihre sexuelle Bereitschaft und ist für Männer ein starkes Signal.

367

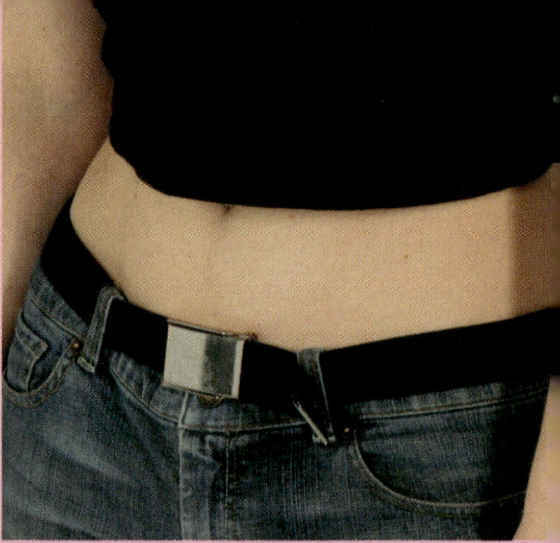

Ich bin gebärfähig und nicht schwanger

Seit einigen Jahren sind bauchfreie Oberteile und Bauchnabelpiercings modern. Doch weshalb finden Männer flache Bäuche attraktiv? Vom Standpunkt der Arterhaltung ist eine Frau, die bereits von einem Rivalen geschwängert wurde, völlig uninteressant. Deshalb finden Männer das Gegenteil eines schwangeren Bauchs anziehend.

368 Beschütze mich

Auf zahlreichen Fotos blickt Prinzessin Diana mit gesenktem Kopf nach oben. Sie war Expertin in dieser für Kinder typischen Kopfhaltung, die ihr eine gewaltige Woge an Sympathie einbrachte.

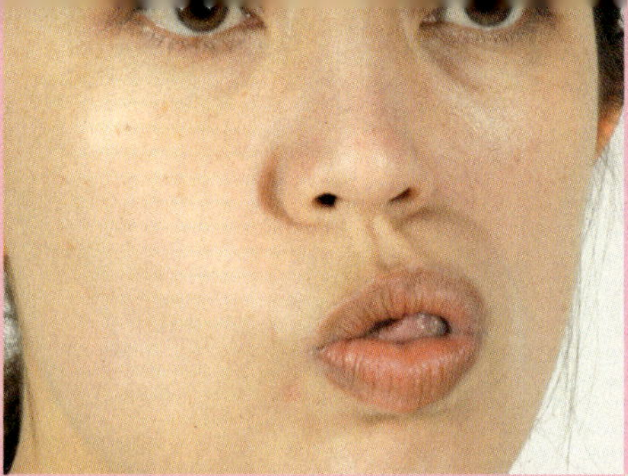

369

Sieh, mein Mund

Unter dem Vorwand, Lippenstift zu entfernen, kann sich eine Frau mit der Zunge über die Zähne streichen und dabei die Aufmerksamkeit auf einen ihrer sensibelsten und anziehendsten Körperteile lenken – die Lippen.

370

Berühr mich so

Die Kleider glatt zu streichen, hat dieselbe Signalwirkung wie das Streicheln des eigenen Körpers – und ist eine subtile Einladung an den Gesprächspartner, die Rolle der eigenen Hände zu übernehmen.

371

Sieh auf meine feuchten Lippen

Frauen akzentuieren ihre Lippen nicht nur, indem sie diese aufwerfen und voller erscheinen lassen, sondern auch durch Anfeuchten. Die Lippen sollen so die Vagina andeuten.

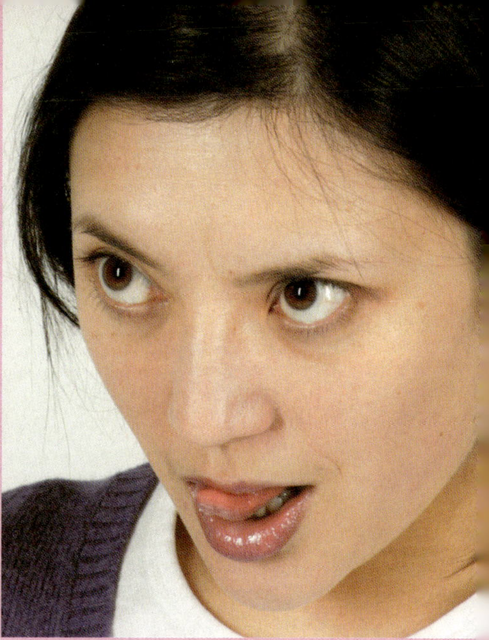

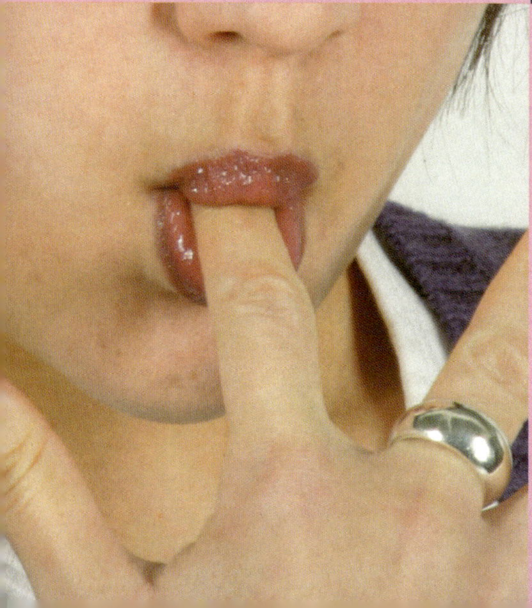

372

Der Mund ist sexy

Männer finden es sehr erotisch, wenn Frauen ihre Finger lecken. Der Finger symbolisiert nicht nur einen Penis, er lenkt auch die Aufmerksamkeit auf die Lippen, die dabei befeuchtet werden.

373 Die Lippen sind sexy

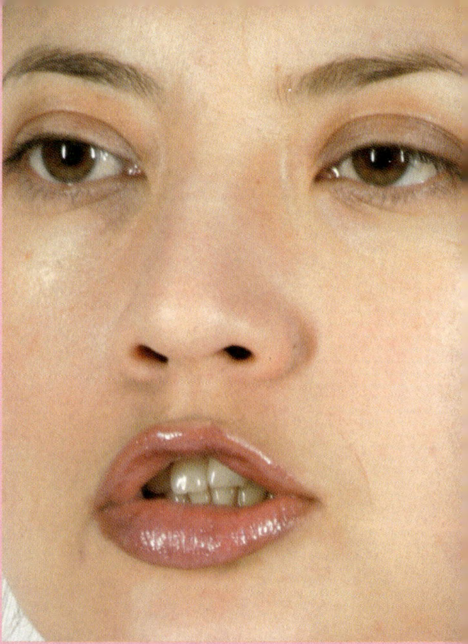

Weltweit ist eine gewaltige Industrie damit befasst, die Lippen der Frau künstlich zu betonen. Die menschlichen Lippen sind außergewöhnlich beweglich. Aufgeworfene Lippen erregen vielleicht deswegen so sehr die Aufmerksamkeit der Männer, weil sie auf die Schamlippen hindeuten.

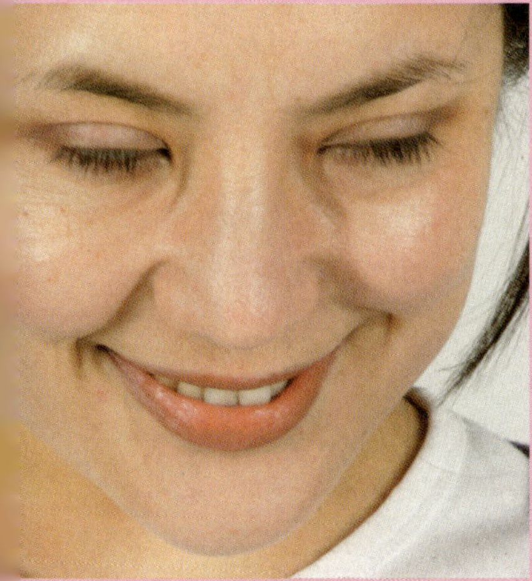

374 Augenaufschlag

Make-up hat im wesentlichen die Aufgabe, die Augen einer Frau zu vergrößern, denn große Augen sind für Männer attraktiv. Wenn Frauen ihre Augen aufschlagen, möchten sie die Aufmerksamkeit auf sich lenken. Auch gezupfte und hochgezogene Augenbrauen vergrößern die Augen.

375

Achte auf mein seidenweiches Haar

Viele Frauen reagieren auf einen Blick häufig damit, dass sie ihre Haare zurückwerfen. Sie machen damit auf ihr Haar aufmerksam – denn glänzendes, volles Haar wird mit Jugend und Gesundheit assoziiert. Unbewusst suggerieren sie mit dieser Geste, dass sie eine gute Partnerwahl wären. Eine Frau merkt es, wenn Sie hinschauen!

376

Mein Haar ist kräftig und voluminös

Mit zunehmendem Alter wird unser Haar dünner. Wenn Frauen ihre Haare kneten, machen sie unbewusst darauf aufmerksam, wie dick ihr Haar ist – und wie jung sie sind.

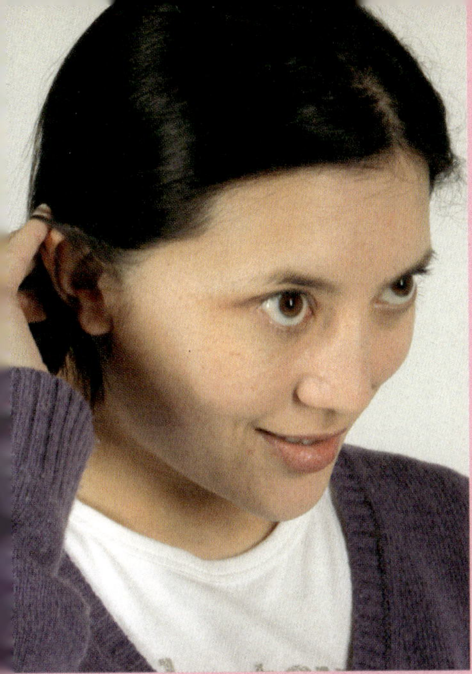

377 Schau auf mein Haar

Aus praktischen Gründen werden lange Haare oft zusammengebunden. Dennoch streicht sich eine Frau über die zum Zopf gebundenen Haare … einfach, um die Aufmerksamkeit auf diese zu lenken. Besonders bei jungen Frauen mit vollem, glänzendem Haar ist diese Geste wirkungsvoll.

378 Mein Haar ist lang

So stellt man sich die typische Sekretärin vor: Hemdbluse, eine strenge Brille und die Haare zu einem Knoten frisiert – eine Aufmachung, die Frauen entsexualisiert, damit sie am Arbeitsplatz ernst genommen werden. Kaum wird aber das Haar gelöst und mit einem langsamen Schütteln zur Schau gestellt, stehen die Männer Kopf.

379 Streich mir durch das Haar!

Hier werden deutliche sexuelle Signale gesendet: Eine Frau streicht sich langsam durch ihre femininen langen Haare – eine Geste, die wohl nur ihr und ihrem Liebhaber vorbehalten ist.

380 Spiel mit meinem Haar

Für unsere vorzeitlichen Urahnen war das „Lausen“ eine wichtige Tätigkeit, nicht nur, um sich von Parasiten zu befreien, sondern vor allem, um soziale Bindungen zu pflegen. Zwirbelt man seine Haare, mag man unbewusst den anderen auffordern, in das Spiel einzusteigen.

381 Die Beine sind lang

Während der sexuellen Reifung in der Pubertät strecken sich die Beine der Frau relativ zur Gesamtgröße des Körpers in die Länge. Verhaltensforscher wie Desmond Morris vermuten, dass lange Beine deswegen als sexuelle Signale wirken.

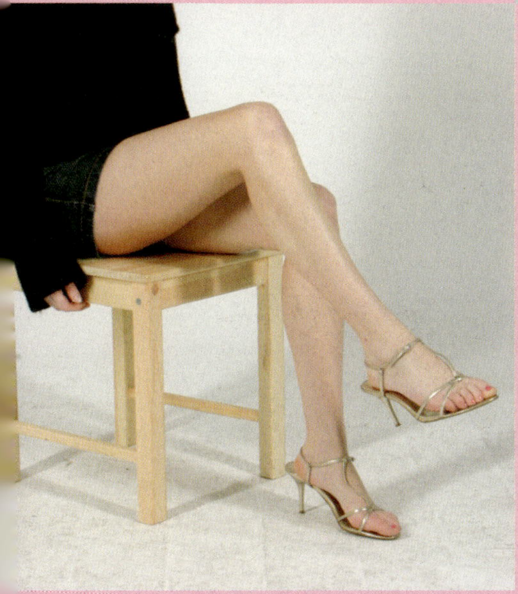

382 Beachtest du meine Beine?

Schlägt eine Frau mehrmals ihre Beine übereinander, möchte sie den Mann auf ihre Reize aufmerksam machen.

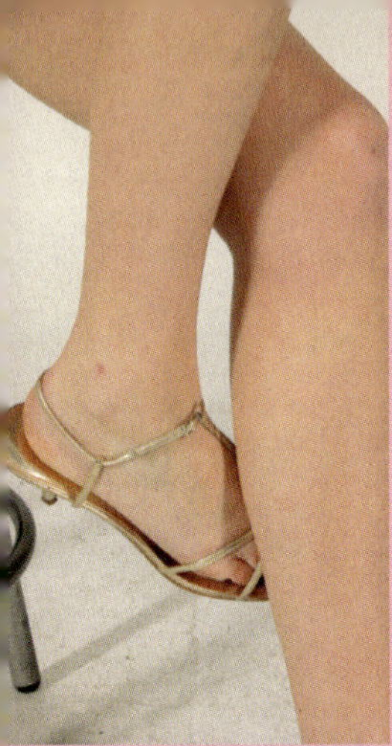

383

Sieh her

Diese Handlung lenkt die Aufmerksamkeit auf das Bein und mimt gleichzeitig eine liebkosende Hand.

384

Die Beine einer Frau sind schlank und wenig muskulös. Die verschlungene Haltung hebt dies hervor.

Meine schönen Beine sind sehr feminin

385

Magst du mein Bein streicheln?

Streichelt eine Frau ihr Bein, will sie ihrem Gegenüber vielleicht signalisieren, dass er diese Handlung ausführen soll. Das Streicheln ist eine intimere Form der Berührung.

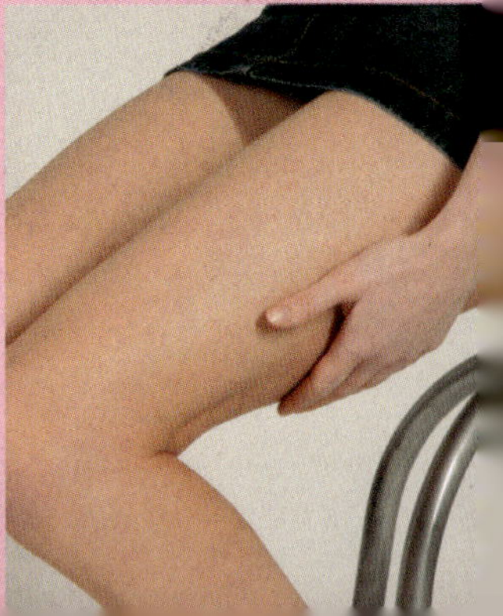

386

Hast du bemerkt, wie schlank meine Beine sind?

Derart übereinander geschlagene Unterschenkel wirken auf Männer sehr attraktiv.

387

Siehst du meine Beine?

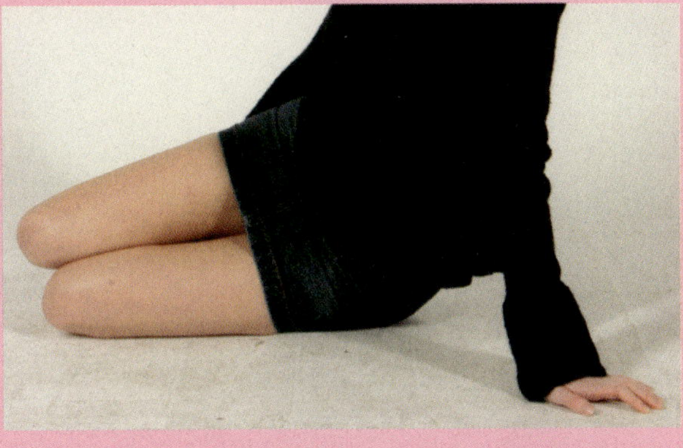

Sitzt eine Frau mit angewinkelten Beinen auf dem Fußboden, lässt sie ihre Beine länger und für Männer anziehender erscheinen.

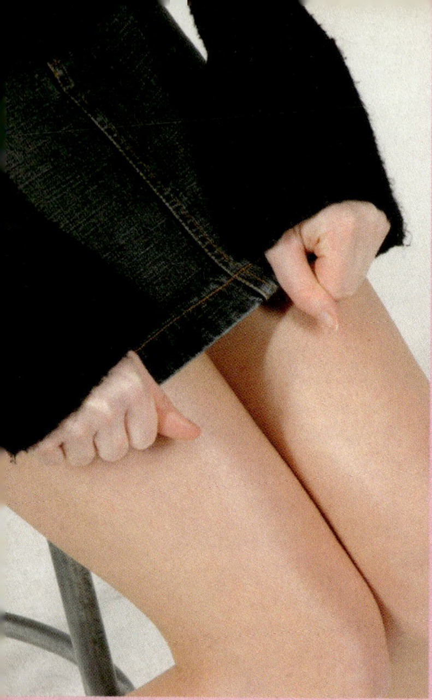

388

Grünes oder rotes Licht?

Wie jedes Signal kann man natürlich auch das Zupfen am Rocksaum nur zusammen mit weiteren Signalen interpretieren: Fühlt sich die Frau angesichts der ihr zuteil werdenden Aufmerksamkeit unwohl, oder ist genau das Gegenteil der Fall? Mit dieser Geste kann eine Frau auch bewusst auf ihre Beine aufmerksam machen.

389

Möchtest du mich berühren?

Legt eine Frau demonstrativ ihre Hände auf ihre Schenkel, kommt dies für einen Mann beinahe der Aufforderung gleich, es ihr nachzutun. Die Frau kann so unbewusst zu verstehen geben, dass sie von dem Mann berührt werden möchte.

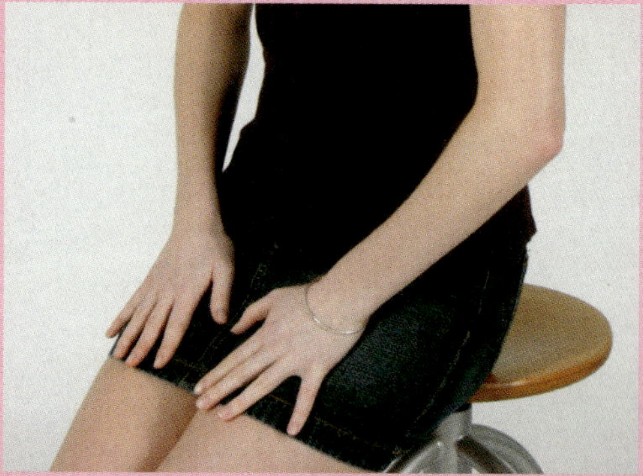

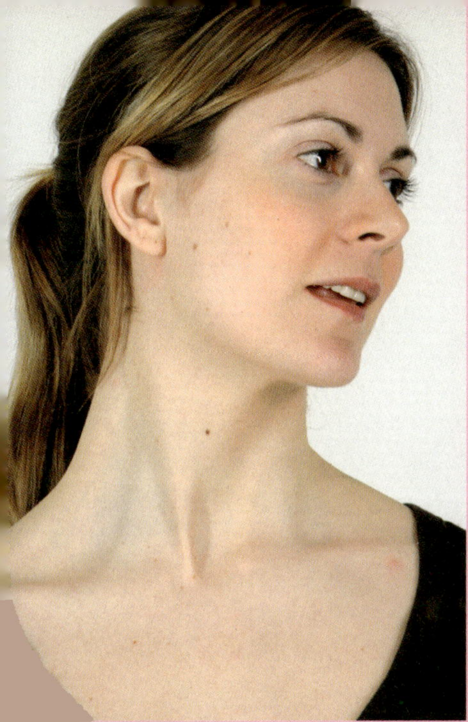

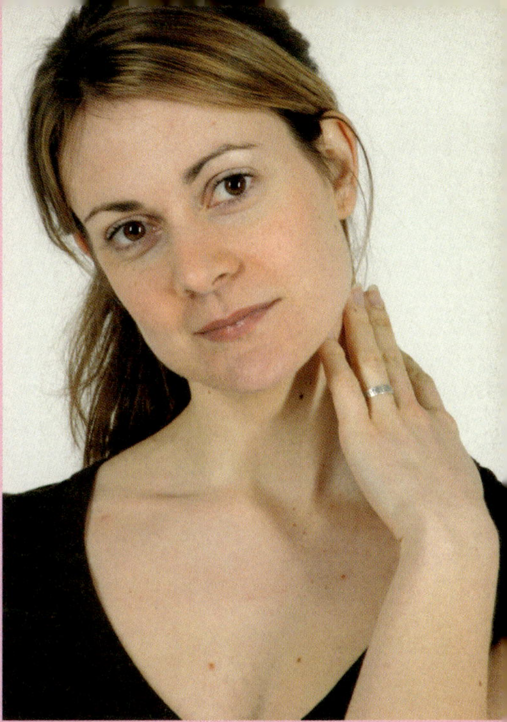

390

Schwanenhals

Möchte eine Frau attraktiv erscheinen, kann die Menge an nackter Haut Aufschluss über ihre Bereitschaft signalisieren. Ein langer Hals macht eine Frau für einen Mann noch anziehender.

391

Beachte meinen Hals

Berührt eine Frau ihren Hals, lenkt sie die Aufmerksamkeit auf einen Bereich, der ohne Verletzung des Anstands nackte Haut zeigen kann.

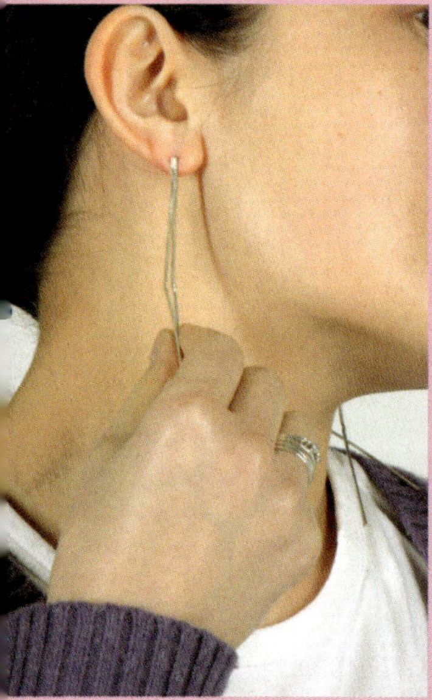

392 Hast du meinen sensiblen Hals bemerkt?

Spielt eine Frau mit ihrem Ohrring, entblößt sie ihren verletzlichen Hals. Diese Kopfhaltung kann bedeuten, dass ihr die Aufmerksamkeit des Mannes nicht unwillkommen ist. Es kann allerdings auch sein, dass sie so ihre Anspannung überspielt.

393 Schau auf meine Hüfte

Für Männer ist es schwierig, wenn nicht gar unmöglich, die Hüfte derart abzuknicken. Diese Haltung betont das für Frauen typische breite Becken und die feminin schmale Taille und wirkt deshalb auf Männer anziehend.

394 Flotte Biene

Hier wird die Hüfte ganz offensichtlich so ausgestellt, dass sie die typisch weiblichen Attribute exponiert. Liegt einfach nur eine Hand auf der Hüfte, wird auf etwas subtilere Art die Aufmerksamkeit auf das feminin runde Becken und die schmale Taille gelenkt.

395 Viele weibliche Kurven

Diese kokette Haltung kennen wir von Filmstars, die sich auf dem roten Teppich präsentieren. Sie blicken hinter sich und lenken dabei die Aufmerksamkeit auf die Rundung der Schulter, die an die Rundungen von Brust und Gesäß denken lässt.

396 Ich bin verspielt

Die Beine werden übereinander geschlagen, der Schuh kunstvoll mit den Zehen balanciert. Das Vorzeigen des Fußes ist nicht alltäglich. Diese Frau zeigt gerne mehr, als der Norm entspricht – ein Hinweis darauf, dass sie Aufmerksamkeit mag und vielleicht mehr als nur den Schuh ausziehen möchte.

397 Sieh her, wie ich mich bewege

Man stelle sich eine Prozession von Supermodels über den Laufsteg vor. Ihr Gang mit den rollenden Hüften erreicht zweierlei: Zunächst betont er die feminin schmale Taille; zweitens wird die typisch weibliche Beweglichkeit der Hüften herausgestellt. Die Kombination dieser beiden Faktoren macht den weiblichen Gang so attraktiv für Männer.

398 Dieser Blick ist nur für dich

Dieser seitliche Blick wird häufig von einem leichten Lächeln und dem Hochziehen einer Augenbraue begleitet. Der Blick suggeriert Intimität und Heimlichkeit, denn er ist nur für eine einzige Person bestimmt und soll von anderen nicht bemerkt werden.

399 Ich möchte dich auch streicheln

Streicheln, auch von Gegenständen, erweckt unweigerlich Assoziationen an Sex. Wer sein Weinglas in dieser Weise „liebkost“, sendet an sein Gegenüber unmissverständliche Signale.

400

Weiß ich, was ich tue?

Einen Ring an- und abzustreifen, kann eine mechanische Angewohnheit sein. Es besteht allerdings die Gefahr, dass es als deutliche Einladung zum Sex verstanden wird.

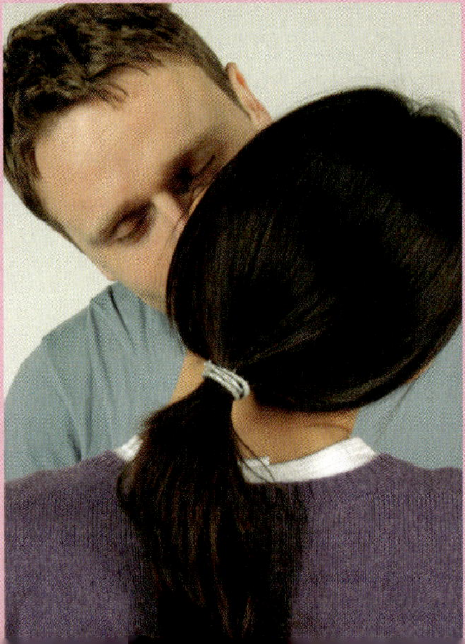

401

Ich begehre dich

Es wird vermutet, dass der Zungenkuss seine Ursprünge in jener Zeit hatte, als es noch keine vorgefertigte Babynahrung gab und die Mutter die Nahrung für ihr Baby vorkaute. Der Zungenkuss simuliert also die Übergabe der Nahrung von der Mutter an ihr Kind.

402 Ich möchte mit dir körperlich und verbal kommunizieren

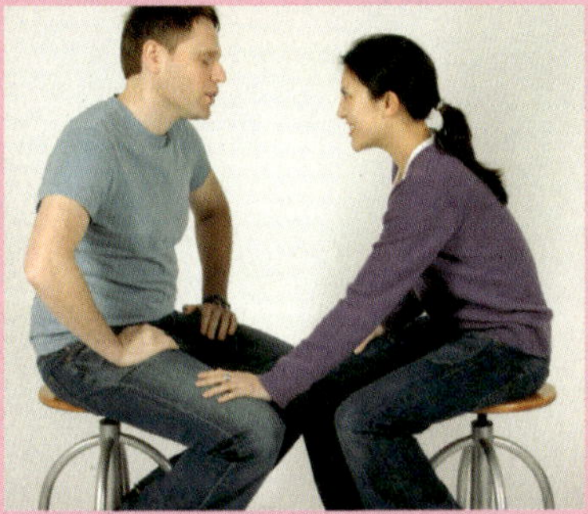

Manche Menschen sind taktiler veranlagt als andere. Finden Sie zuerst heraus, ob nicht jeder mit einer platonischen Berührung bedacht wird. Sind Sie allerdings der Einzige, möchte die Frau Sie vielleicht zu mehr Intimität auffordern.

403 Hallo Jungs

Die Brüste der Frau sind überproportional groß, größer, als für das Stillen eines Babys erforderlich. Es wird vermutet, dass die Form der weiblichen Brüste an den Anblick des Gesäßes erinnert – dem primären Signal für Sex. Entsprechend ist ein freizügiges Dekolleté ein starkes erotisches Signal.

404 Schau auf den Busen

Auch ein eng anliegender Pullover betont die Brüste einer Frau. Die sich abzeichnenden Rundungen sind ein Pendant zum Gesäß.

405

Hast du meine festen Brüste bemerkt?

Ein fester Busen wird mit Jugend und mit der Fähigkeit assoziiert, Kinder zu gebären. Mithilfe ihrer Arme kann eine Frau zusätzlich ihren Busen nach oben drücken.

406

Ich bin ganz Frau

Frauen neigen dazu, ihre Hand am Handgelenk abzuknicken. Ihre Handfläche ist dabei dem Körper zugewandt. Bei Männern sieht man diese Geste selten, es sei denn, sie wollten damit ihre Homosexualität unterstreichen.

Beachte meine sanfte Haut

407

Wenn eine Frau eine Bewegung macht, durch die sie mehr nackte Haut präsentieren kann, wünscht sie vielleicht mehr Aufmerksamkeit. Zeigt sie die meist bedeckten Handgelenke vor, möchte sie vielleicht eine Ahnung davon vermitteln, was sie sonst noch zu bieten hat.

408 Ich rauche sehr feminin

Diese typische weibliche Armhaltung beim Rauchen gibt einer Frau die Möglichkeit, ihr entblößtes Handgelenk zu präsentieren – ein willkommenes Mittel, ihre Weiblichkeit hervorzuheben.

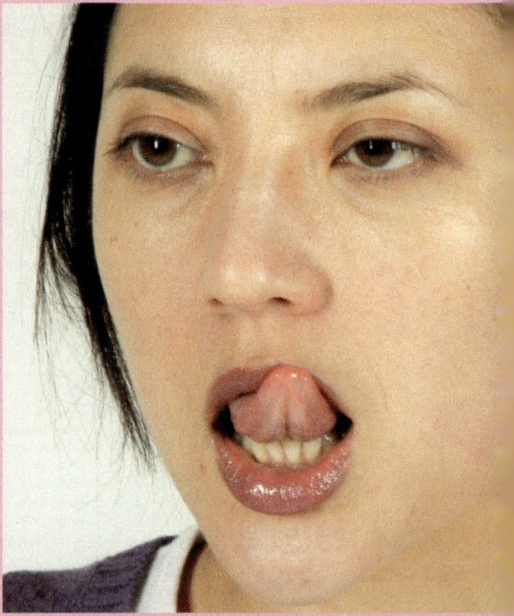

409 So sehe ich beim Liebesakt aus

Marilyn Monroe wurde mit diesem Gesichtsausdruck zum Sexsymbol: Die halb geschlossenen Augenlider deuten den Ausdruck einer Frau beim Orgasmus an.

HALLO MÄDELS

HEUTE SIND BESTÄNDIGKEIT, FINANZIELLE SICHERHEIT UND EIN LIEBEVOLLER UMGANG DIE VORDERGRÜNDIGEN KRITERIEN, DIE FRAUEN BEI DER WAHL IHRES PARTNERS LEITEN. DOCH HABEN SIE HÄUFIG AUCH NOCH DEN ARCHAISCHEN WUNSCH NACH EINEM STARKEN MANN, DER DEN FAMILIENCLAN VERTEIDIGEN KÖNNTE.

410 Sitzt alles?

Ihre äußere Erscheinung spielt für Männer eine große Rolle: Wenn der Mann prüft, ob seine Krawatte sitzt, möchte er den Frauen gefallen.

411 Ich mag deinen Po

Das Gesäß ist von besonderem Interesse, denn in einer früheren evolutionären Stufe war er das wichtigste Lockmittel bei der Partnerwahl. Ein freundschaftlicher Klaps bekundet, dass man sich angezogen fühlt.

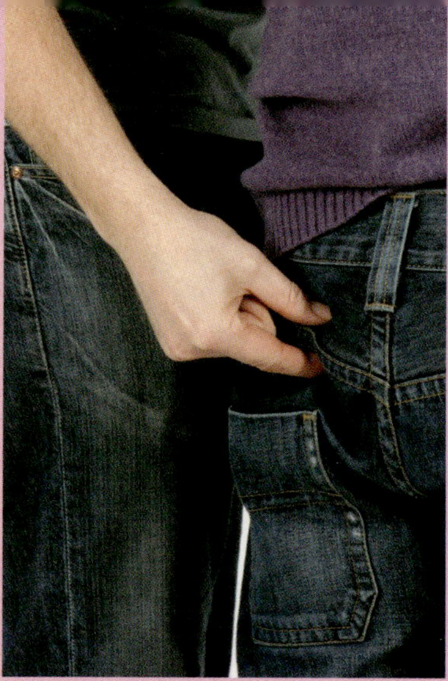

412 Toller Hintern

So italienisch wie Vespa, Pizza und das Pantheon in Rom: der Kniff in den Hintern, ein männliches Zeichen der Bewunderung für die Kurven der Frau. Doch Vorsicht: Nicht selten folgt die Ohrfeige auf dem Fuße!

413 Ich bin stark und maskulin

Die Hände zeigen auf die Leistengegend und damit auf den Sexualbereich. Die Daumen, die Finger der Macht, erweitern die Geste um Dominanzsignale.

Ich zeige meine Männlichkeit vor

414

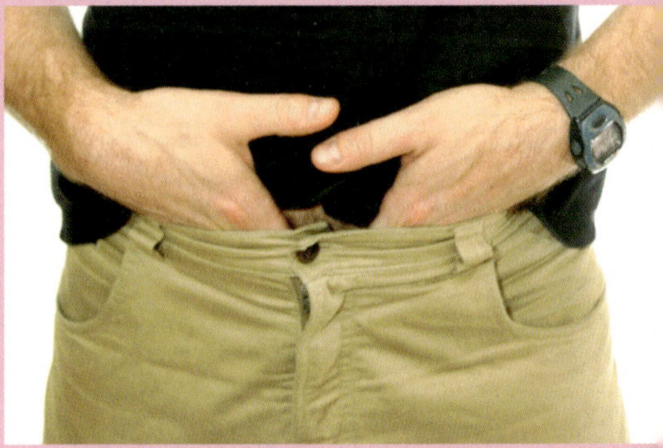

Entweder werden nur die Finger oder sogar die ganzen Hände in den Hosenbund gesteckt. Diese typisch männliche Haltung rückt das Geschlechtsteil in das Zentrum der Aufmerksamkeit.

Sieh, wie stark ich bin

415

Instinktiv finden Frauen kräftige, gesunde Männer attraktiv, die sie und ihre Nachkommen beschützen können. Männer wissen dies, denn ihre starke Brust und kräftigen Arme stellen sie in engen T-Shirts gern zur Schau.

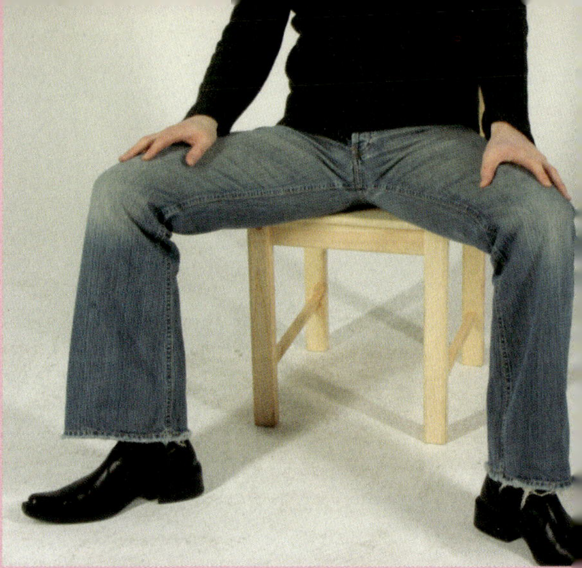

416

Prüfe meine Männlichkeit

Diese typisch maskuline Haltung ist sehr entspannt und präsentiert die ganze Mannespracht.

Sieh, wie viel Testosteron ich habe

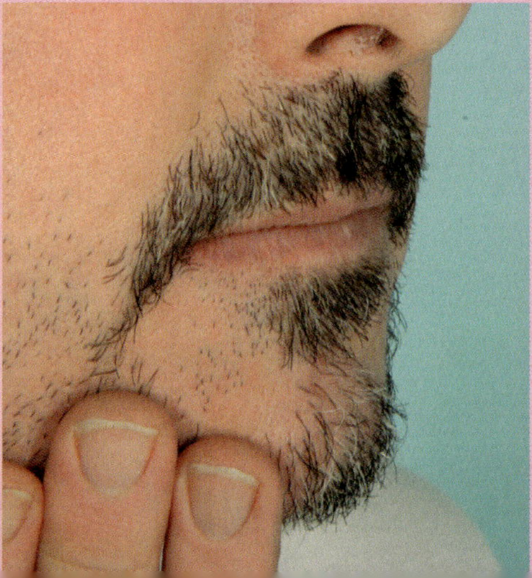

417

Wenn der Mann über sein Gesichtshaar streicht, hatte dies ursprünglich hygienische Funktion. Die Geste ermöglicht ihm aber gleichzeitig, seine Männlichkeit vorzuführen.

418 Schau hier unten

Eine klassische Cowboyhaltung, bei der die Hände auf den Lendenbereich zeigen, während die Daumen in den Hosentaschen aufgehängt sind. Die nach außen weisenden Ellbogen lassen den Mann noch dazu größer erscheinen.

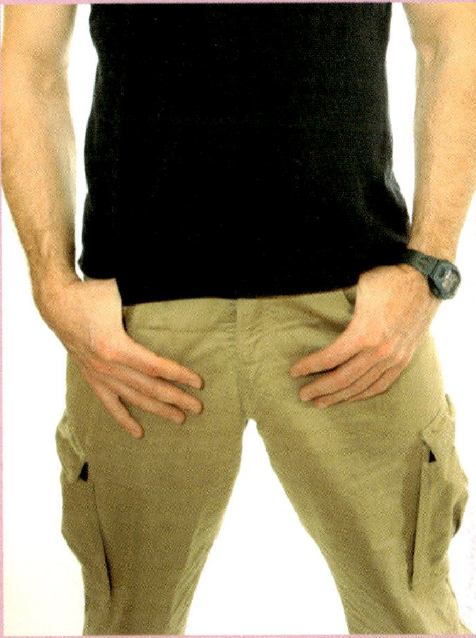

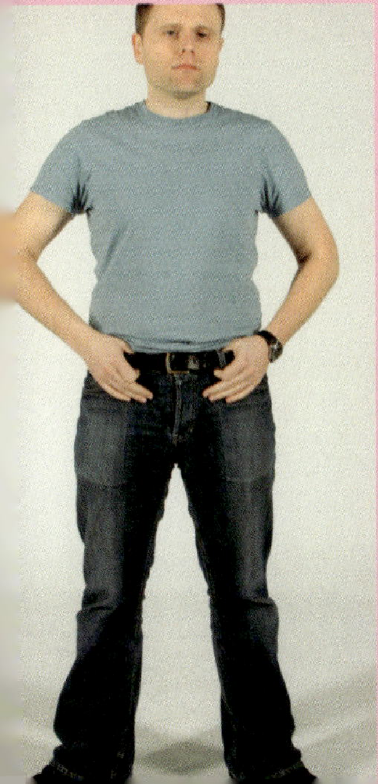

419 Ich bin groß und betone meine Männlichkeit

Auch in dieser Position lenken die Hände die Aufmerksamkeit auf den Lendenbereich. Es ist die größtmögliche Hervorhebung der Sexualorgane in der Öffentlichkeit. Zudem macht sich der Mann größer, indem er seine Ellbogen vom Körper wegstreckt.

420 Ich bin der Boss

Mit dieser Position demonstriert ein Mann seine Dominanz doppelt … die entspannte Haltung zeigt, dass er ohne Furcht seinen Oberkörper schutzlos darbietet. Gleichzeitig wirken die Ellbogen auf der Bar wie breite Schultern. Er könnte der Anführer einer Gruppe sein, der entspannt sitzen kann, während die anderen stehen müssen.

421

Anders als Frauen haben Männer kaum Scheu, ihre primären Geschlechtsorgane zurechtzurücken. Besonders wenn Männer unter sich sind, kann man dies oft beobachten.

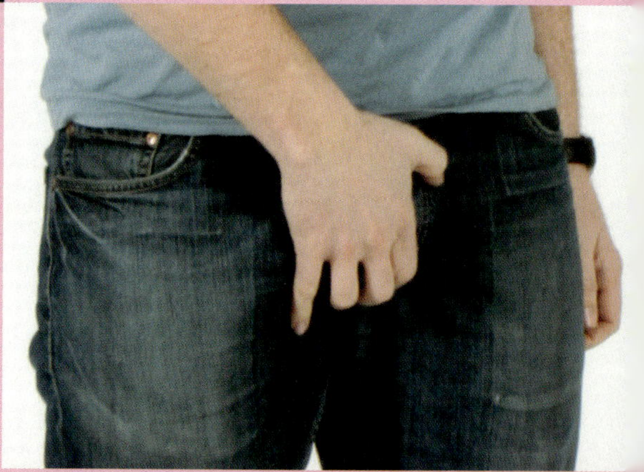

Schau, was ich habe

422 Kurven am richtigen Platz

Bemerkt eine Frau, wie ein Mann ihre kurvige Silhouette mit den Händen nachzeichnet, versteht sie sofort, dass ihre Figur bewertet wird, insbesondere, wenn das Ganze noch durch ein Pfeifen untermalt wird. Die Geste zielt auf die wichtigsten Unterschiede zwischen dem männlichen und dem weiblichen Körper ab: Brüste, Taille und Gesäß.

423 Sieh, wie stark ich bin

Männer, die zu viel Zeit im Fitnessstudio an den Freihanteln verbringen, ziehen unweigerlich die Aufmerksamkeit auf ihre gestählten Körper. Durch übertrieben stark ausgebildete Muskeln kommt es zur typischen Bodybuilderhaltung: geschwellte Brust und abgewinkelte Armhaltung. Viele Frauen ahnen jedoch, dass Muskelmasse oft umgekehrt proportional zum IQ ist. Tja, schade, Arnold.

PARTNERSCHAFT

DAS IDEAL DER MEISTEN MENSCHEN IST DIE MONOGAME PAARBEZIEHUNG, AUCH WENN ES IMMER MEHR ALLEIN STEHENDE UND ALLEIN ERZIEHENDE ELTERN GIBT. AUCH DURCH UNSERE KÖRPERSPRACHE GEBEN WIR DIE BINDUNG AN EINEN PARTNER EINDEUTIG KUND.

424 Wir sind zusammen

Hält ein Pärchen Händchen, besteht kein Zweifel, dass die beiden sich gefunden haben. Die Geste kommt dem Schild „Privatbesitz" gleich. Gleichzeitig geben beide Partner einander Halt, wie Eltern ihren Kindern Halt geben, wenn sie sie an der Hand führen.

425 Meins!

Legt man seinem Partner den Arm um die Hüfte, signalisiert das Schutz, Fürsorge und Verbundenheit zwischen zwei Menschen. Es kann auch Zeichen für Besitzanspruch sein.

426 Ich bin gut aufgehoben

Stellt sich jemand, wie ein Lehrer, direkt hinter uns, ist uns das meist unangenehm. Unserem Partner erlauben wir jedoch, von hinten seine Arme um uns zu legen und unsere schwächste Stelle, unseren Rücken, zu schützen.

427 Wir gehören zusammen

Arm in Arm zu gehen, erfüllt mehrere Zwecke. Der Körperkontakt gibt uns Sicherheit und signalisiert anderen Menschen (und potenziellen Partnern), dass wir gebunden sind. Manchmal wirkt es aber auch, als würde ein Partner wie eine Trophäe vorgeführt, besonders, wenn er sehr viel jünger oder attraktiver ist.

428 Ich vertraue di

Nur Liebende füttern einander. Die Pflege eines Kranken ist der einzige andere Kontext, in dem es vorkommt, dass ein Erwachsener einen anderen füttert. Beide Situationen setzen Vertrauen und Nähe voraus.

429 Lehne dich an

Legen wir jemandem den Kopf auf die Schulter, weckt das unsere Erinnerung daran, wie wir als Kinder mit dieser Haltung bei einem Erwachsenen Geborgenheit suchten.

430 Meine Kleine

Ein Kind setzt sich bei einem Erwachsenen auf der Schoß oder eine Frau bei einem Mann. Selten sehen wir dies zwischen Gleichgeschlechtlichen oder dass ein Mann sich auf den Schoß einer Frau setzt Die Frau darf sich wieder als Kind fühlen, während der Mann in seiner Dominanz bestärkt wird.

431 Wir lieben uns

Arm in Arm: Man sieht es vor sich, das Liebespaar an einem lauen Sommerabend bei einem romantischen Spaziergang durch den Stadtpark. Beide Partner zeigen so ihren Besitzanspruch, aber gleichzeitig spüren beide auch die Sicherheit, die der Körperkontakt schenkt.

432 Ich bin dir zugeneigt

Unser Kopf ist unser empfindlichster Körperteil. Wir sind sehr darauf bedacht, ihn zu schützen und von Gefahrenquellen fern zu halten. Die Berührung am Kopf beweist ein hohes Maß an Vertrauen, wie man es nur dem Partner oder einem nahe stehenden Familienmitglied entgegenbringt.

Unter Druck

WENN ÄUSSERE REIZE UNS ZU STARK BELASTEN, LEIDEN WIR UNTER STRESS.

Erhöhte nervliche Belastung kann sich auf verschiedene Arten körperlich zeigen. Wenn wir stark unter Anspannung stehen, versuchen wir oft, uns selbst Mut zu machen.

UNBEHAGEN, ANSPANNUNG UND BELASTUNG

TAGTÄGLICH SIND WIR SITUATIONEN AUSGESETZT, DIE UNS BELASTEN. UNSERE ANSPANNUNG ZEIGT SICH AUF VIELE ARTEN. GLEICHZEITIG SIND WIR SEHR EMPFÄNGLICH FÜR DIE STRESSSIGNALE UNSERER MITMENSCHEN.

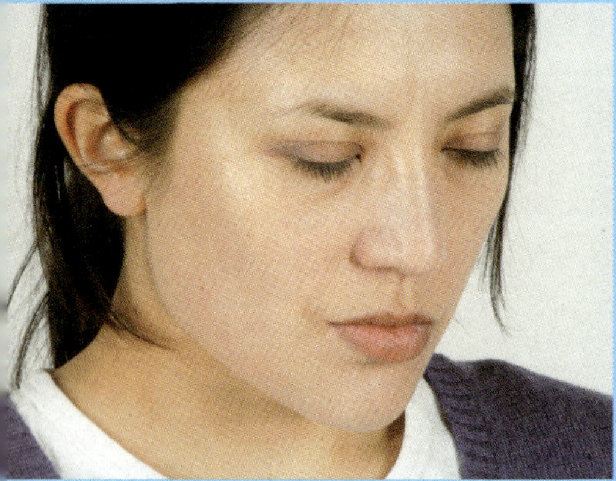

433

Zu viel Aufmerksamkeit für mich

Je mehr Druck auf uns lastet, desto häufiger zwinkern wir.

434

Ich bin sehr nervös

Wenn wir etwas tun müssen, das uns sehr unangenehm ist, wie zum Beispiel eine Rede halten, kann sich unsere Nervosität durch Rötung des Halses zeigen.

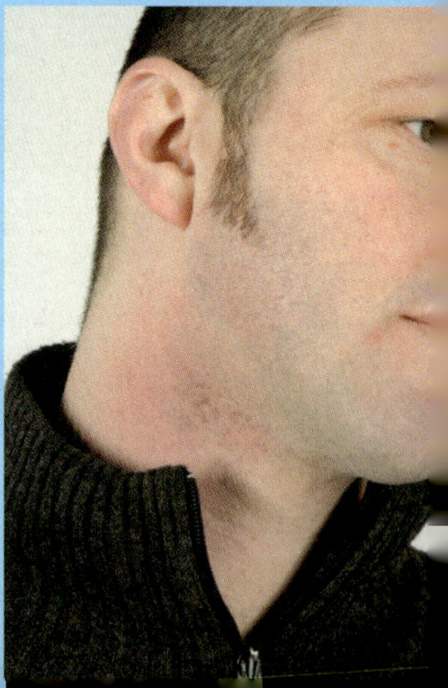

435

Ich zittere wie Espenlaub

Der Schauspieler vor seinem ersten Auftritt, der Sportler vor dem Finale und der Bräutigam am Altar – sie alle wissen nur zu gut, dass ihr körperliches Zittern zeigt, wie sehr ihre „Nerven flattern“.

436

Unter Druck

Schlucken ist ein unbewusster Reflex. Stehen wir unter Druck, werden wir uns dieses Vorgangs plötzlich bewusst. Möglicherweise schlucken wir in einer angespannten Situation häufiger.

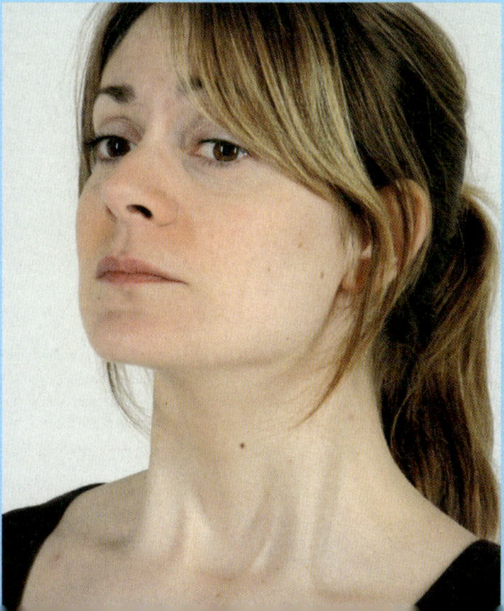

437

Welche „Hitze"

Hier ist das Schwitzen ein Zeichen von Nervosität und keine Reaktion auf Hitze. Unser Körper schaltet auf Abkühlen, um uns auf eine körperliche Herausforderung vorzubereiten. Heutzutage muss man jedoch eher gegen ein feindseliges Publikum als gegen einen Säbelzahntiger antreten!

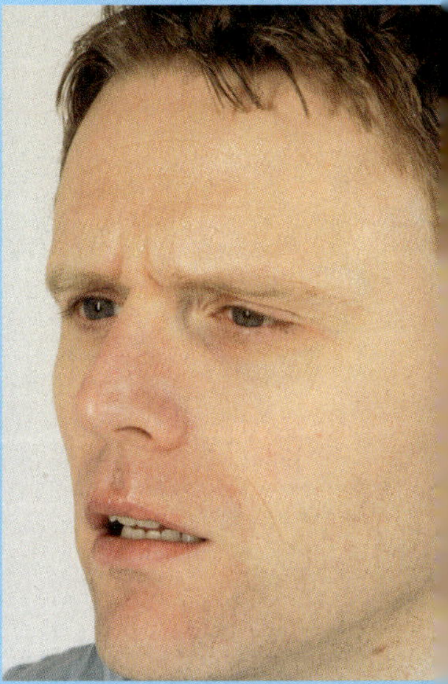

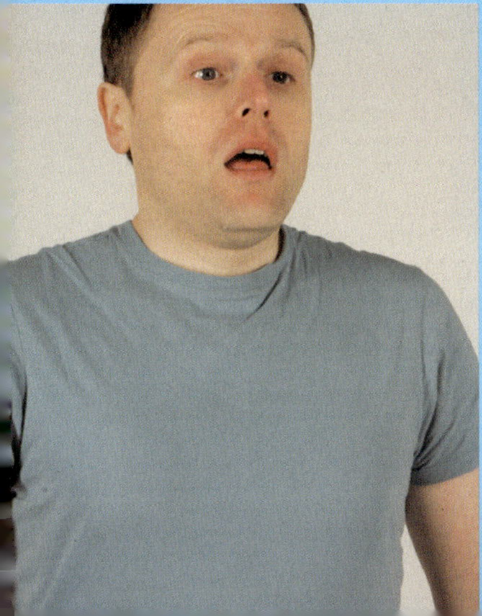

438

Ich muss mich beruhigen

Wenn alle Augen auf uns gerichtet sind, kann uns das so in Anspannung versetzen, dass wir schnell und flach zu atmen beginnen oder sogar für kurze Zeit ganz aufhören zu atmen – bis wir schließlich einmal lang und tief Luft holen müssen.

439 Ich bin sehr angespannt

Wenn wir uns lockern, schwindet alle Anspannung aus unserem Körper. Soldaten müssen strammstehen, um zu demonstrieren, dass ihr niedriger Rang ihnen keine entspannte Körperhaltung erlaubt. Auch wenn wir uns beobachtet fühlen, neigen wir dazu, uns zu verspannen.

440 Meine Ohren brennen

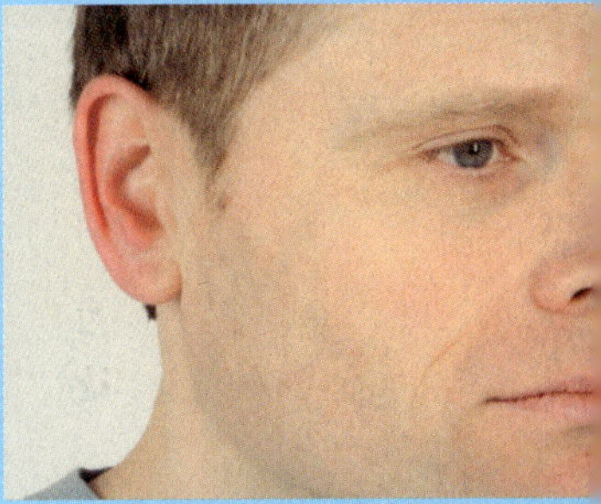

Wenn das Blut unter die Hautoberfläche strömt, können unsere Ohren plötzlich rot werden. Dagegen ist man machtlos – da helfen dann nur lange Haare.

441 Wie peinlich

Die meisten Menschen werden rot, wenn sie bei etwas Unerlaubtem ertappt werden. Aber auch unsichere oder schüchterne Menschen erröten leicht. Fühlt man die Röte erst einmal aufsteigen, kann man sie nicht mehr aufhalten.

442

Ich bin verkrampft

Bei Anspannung zieht sich die Muskulatur zusammen: die Schultern wandern nach oben, der Körper wird steif und stellt sich auf Verteidigung ein.

443

Ich bin etwas unsicher

In einer ungewohnten gesellschaftlichen Situation fühlt sich fast jeder mehr oder weniger unwohl. Das zeigt sich etwa, wenn man nervös an seinem Glas nippt.

444 Ich fühle mich unwohl

Stress oder Anspannung abzubauen ist im Sitzen wesentlich schwieriger als im Stehen. Häufig rutscht man dann grundlos auf dem Stuhl hin und her und befindet sich danach in einer weitaus unbequemeren Position als zuvor.

445 Mein Kragen ist zu eng

Sind die Nerven angespannt, erhöht sich die Körpertemperatur, man beginnt zu schwitzen und der Hals juckt. Wer so unter Druck steht, sucht nach Möglichkeiten, „Dampf abzulassen“.

446 Mein Mund ist trocken

Ist man sehr nervös, kann es passieren, dass der Mund austrocknet. Kau- und Schluckbewegungen vor dem Sprechen machen den Mund „sprechbereit“.

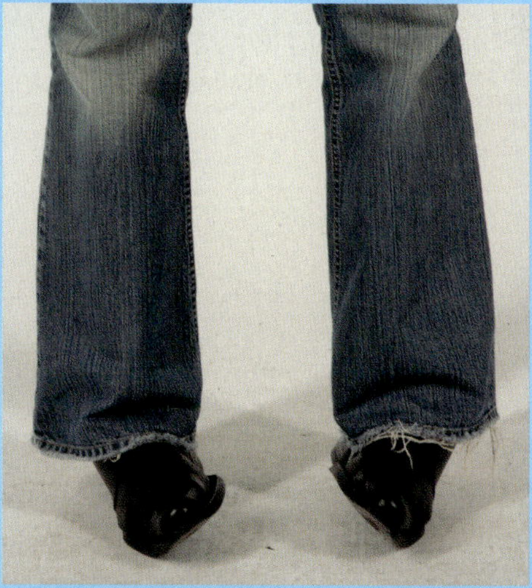

447 Ich muss mich bewegen

Wir sitzen fest, und das ist unangenehm. In unserem Unbehagen stellen wir uns auf die Außenkante unserer Füße und simulieren Bewegung, ohne tatsächlich wegzugehen.

SPANNUNGSABBAU

ANSPANNUNG, SORGEN, VERLEGENHEIT – HEUTE SIND WIR VIELEN FORMEN VON STRESS AUSGESETZT. DOCH OFT KÖNNEN WIR DIE URSACHE NICHT BESEITIGEN. WIR HABEN JEDOCH ZAHLREICHE VENTILE ENTWICKELT, UM DRUCK ABZULASSEN.

Ich gehe unruhig auf und ab 448

Stellen Sie sich eine Szene in einem Krankenhaus vor. Ein Kind wird operiert. Seine besorgten Eltern bauen ihre Nervosität ab, indem sie ständig vor dem Operationssaal auf und ab gehen. Auch die Nervosität eines Redners kann sich auf diese Weise zeigen.

449 Ich zappele

Sitzt man mit übereinander geschlagenen Beinen, kann man Stress abbauen, indem man mit dem Unterschenkel wippt. Diese Bewegung reflektiert das Schaukeln, mit dem wir als Kinder beruhigt wurden.

450

Ich muss überschüssige Energie loswerden

Wenn man lange sitzt, vielleicht bei der Arbeit am Schreibtisch, verspannt sich die Muskulatur. Wir können nicht aufstehen, um die angestaute Energie abzubauen – wie werden wir sie also los? Indem wir nervös mit dem Fuß zappeln.

451

Ich bin gestresst und müde

Sie sind hundemüde, die Arbeit stapelt sich, es ist kein Ende abzusehen und es kommt ständig mehr dazu. Der schmerzliche Gesichtsausdruck und das Massieren der Stirn mit den Fingerspitzen kann den Stress etwas lindern, die Arbeit wird dennoch nicht weniger.

452

Ich nestele mit den Fingern

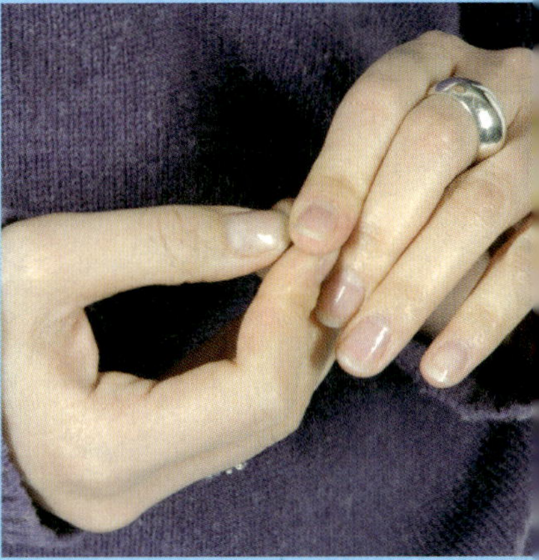

Das Bearbeiten der Nägel und der Nagelhaut ist eine abgeschwächte Form des Nägelkauens und ein häufiges Ventil für den Spannungsabbau. Wenn Sie demnächst in einem Zug oder Bus sitzen, beobachten Sie einmal, wie viele Menschen dies tun.

453

Ich bin aufgewühlt

Vielleicht haben Sie schon einmal neben jemandem gesessen oder gearbeitet, der unaufhörlich die Fußspitze oder die Ferse auf und ab bewegt hat. Innere Erregung oder Nervosität kann mit dieser ständigen Bewegung etwas gemildert werden.

454 Ich muss irgendetwas tun

Auch das Kauen an den Fingernägeln baut Spannung ab. Gleichzeitig hat die Berührung der Lippen mit den Fingern eine beruhigende Wirkung.

455 Kaugummi-Ventil

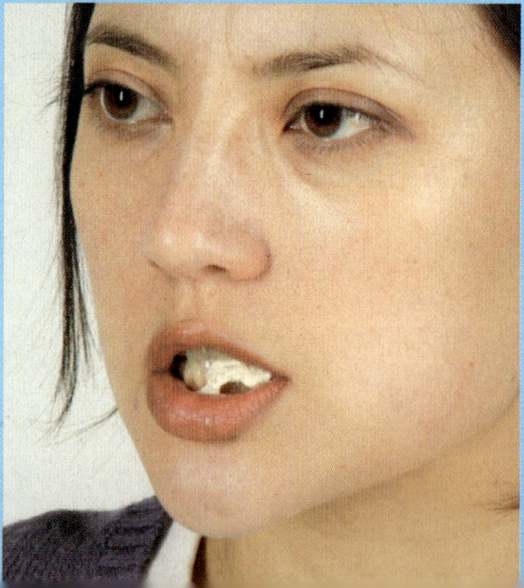

Kaugummis mögen gut schmecken, doch wir kauen auch dann noch energisch weiter, wenn ihr Geschmack schon längst verschwunden ist. Kaugummikauen – möglicherweise das erwachsene Pendant für Daumenlutschen, vielleicht auch ein urtümliches Relikt des Wiederkäuens – kann helfen, Stress abzubauen. Denken Sie nur an unter Hochspannung stehende Trainer, die ihrer Mannschaft untätig zusehen müssen.

456

Das Klimpern entspannt mich

Mit Schlüsseln oder Münzen zu klimpern, ist eine beliebte Zerstreuung. Vielleicht möchte die Person gehen – die Schlüssel für das Auto oder die Tür sind bereit.

457

Die Kette muss sitzen

Schmuck wie Ketten oder Armbänder stellt die idealen Ventile für Nervosität bereit, denn er kann beständig neu arrangiert werden.

458

Ich will mich bewegen

Schaukelt man mit dem Stuhl, sucht man Wege, Energie abzubauen. Es ist ein Relikt des Wiegens, mit dem wir als Kinder beruhigt wurden – und das auch bei Erwachsenen noch wirkt.

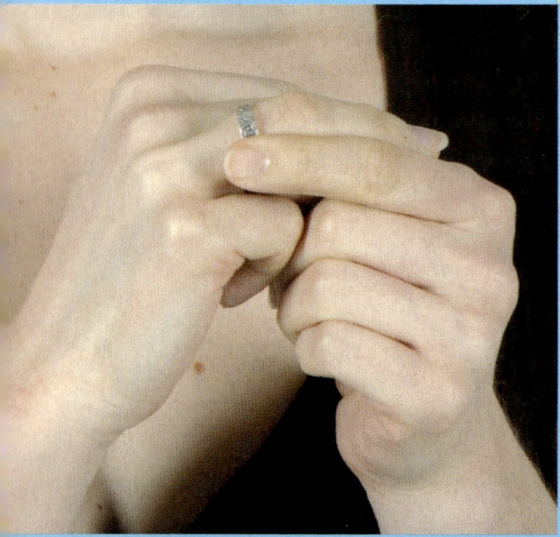

459

Im Hamsterrad

Einen Ring am Finger zu drehen, kann Spannung unaufhörlich abbauen. Wie in einem Hamsterrad hat diese Bewegung kein Ende. Man dreht und dreht …

460

Ich bin angespannt

Das Getränk ist perfekt. Dennoch rühren und untersuchen wir es immer wieder, um uns irgendwie abzulenken.

461

Ich schiebe das umher

Wenn innere Spannung abgebaut werden soll, nehmen wir gerne ein Ersatzobjekt zu Hilfe – hier wird ein Glas hin- und hergeschoben.

SICHERHEIT GEWINNEN, ANDEREN SICHERHEIT GEBEN

VOM AUGENBLICK UNSERER GEBURT AN SIND WIR AUF DER SUCHE NACH SICHERHEIT. DIE MEISTEN HANDLUNGEN, DIE UNS SICHERHEIT GEBEN, SIND ABGESCHWÄCHTE FORMEN DER HANDLUNGEN, DIE UNS SCHON ALS KINDER TROST UND GEBORGENHEIT GESCHENKT HABEN.

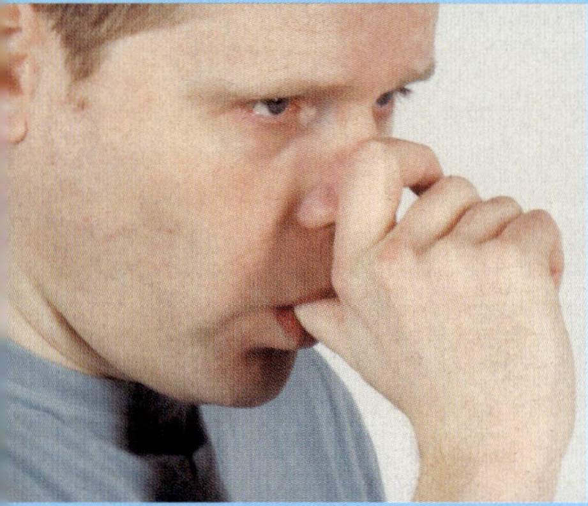

462 Ich will zu Mami

Das Daumenlutschen – das man bei Erwachsenen nicht mehr sieht – ist der deutlichste Ersatz für die Geborgenheit, die Kindern an der Mutterbrust zuteil wird. Lutscht ein Kind am Daumen, ist es nicht hungrig, sondern sehnt sich nach Trost und Sicherheit.

463 Ich fühle mich sicher

Obwohl die Pfeife bereits vor einer halben Stunde erloschen ist, sitzt Großvater im Sessel und hält sie im Mund. Auch eine einfache Attrappe schenkt Rauchern Sicherheit, allein durch das beruhigende Gefühl an den Lippen.

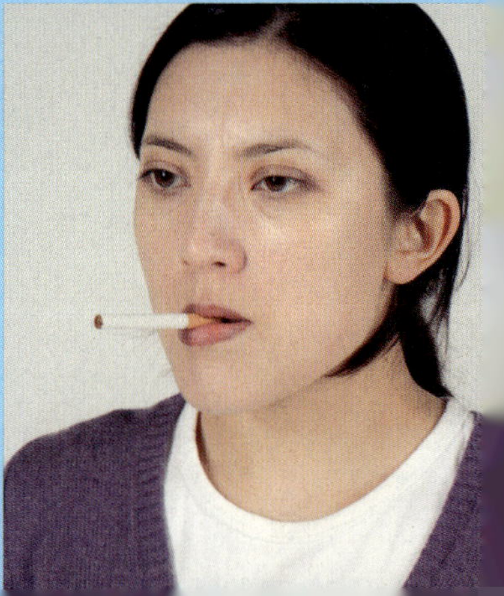

464

Tröste mich

Kneten wir unsere Unterlippe, wird die Erinnerung an die Geborgenheit, die wir an der Mutterbrust gespürt haben, wieder wach – vielleicht hilft sie uns dabei, ein schwieriges Problem zu lösen.

465

Bin ich o.k.?

Beim Stillen schiebt sich die Oberlippe des Babys leicht nach oben. Berührt man als Erwachsener diese Stelle, steigen die Erinnerungen an diese wohlige Situation wieder in uns auf.

466

Das beruhigt mich

Wenn wir spüren, dass jemand darauf wartet, dass wir eine Entscheidung treffen, fühlen wir uns schon manchmal unwohl. In dieser Situation kann ein Brillenbügel genau den richtigen Halt geben.

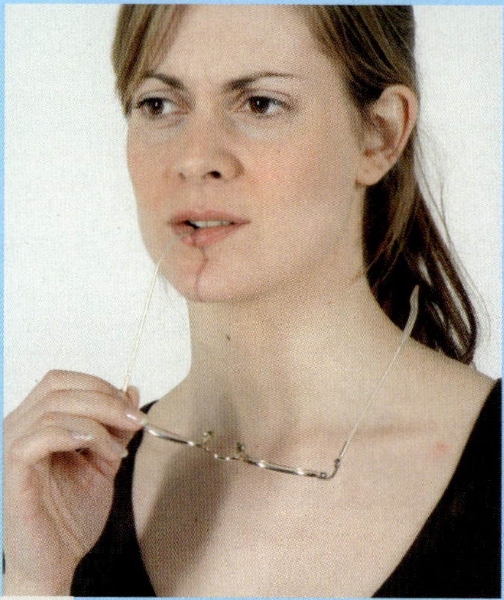

467

Schnuller-ersatz

An einem Stift zu saugen, ist eine weitere Ersatzhandlung für das Saugen an der Mutterbrust. Manche behalten diese Angewohnheit ihr ganzes Leben bei.

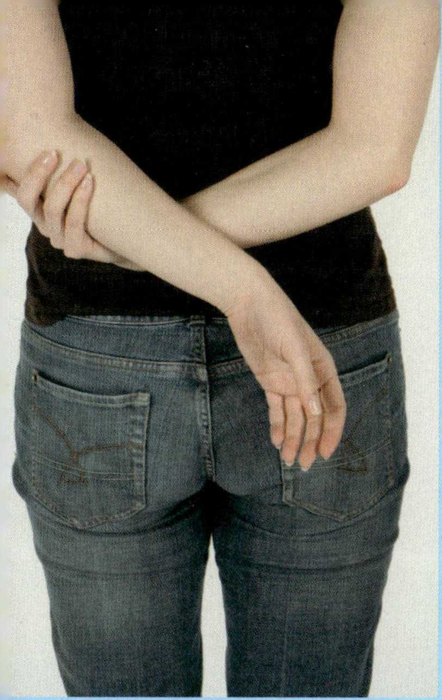

468

Ich lasse mich lieber führen

Wir geben unsere Unsicherheit nicht immer offen preis. Wenn sich unsere Arme hinter unserem Rücken umfassen, geben wir selbst uns den sicheren Halt, den Kinder von Erwachsenen kennen, die sie am Arm führen und halten.

469

Gib mir Halt

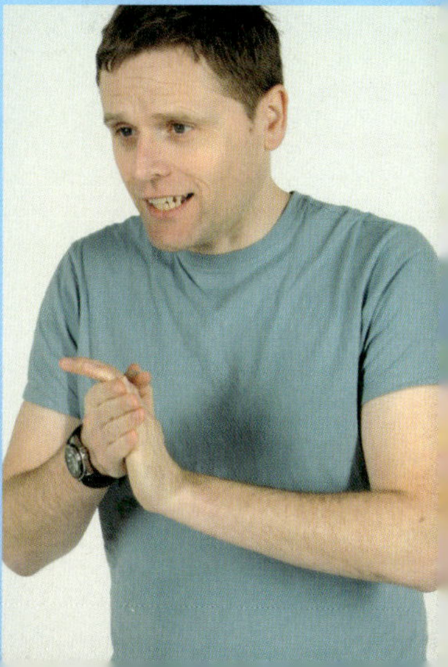

Der Anblick eines Erwachsenen, der sein Kind bei der Hand hält, gehört zu den natürlichsten Dingen der Welt. Die Hand gibt dem Kind Sicherheit und führt es in die richtige Richtung. Sind wir erwachsen, befinden wir uns allein in der schlimmen, großen Welt und Mutter und Vater sind weit weg. Die Hand eines Arbeitskollegen zu halten, ist natürlich unangebracht – also entscheiden wir uns für die nächst beste Lösung: Wir halten unsere eigene Hand.

470

Ich brauche heimlich Halt

Halten wir hinter unserem Rücken unsere Hand, geben wir uns Sicherheit mit dieser Geste der Selbstversicherung.

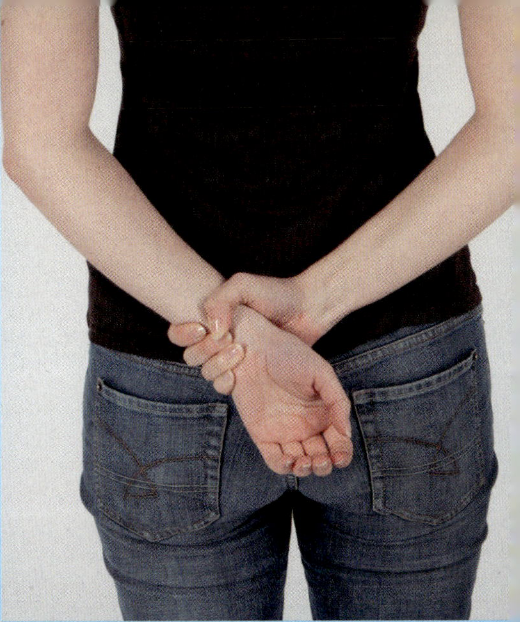

471

Schließe mich in die Arme

In dieser Haltung mit den angezogenen Beinen wird die Umarmung durch eine andere Person gemimt. Die hochgezogenen Fersen und die parallel gestellten Beine ersetzen eine Person, die uns Trost spendet.

Männer sitzen selten mit untergezogenem Bein. Diese Haltung verleiht Sicherheit durch den Druck des Fußes gegen den Körper. Gleichzeitig weist das Knie auf eine Person oder Sache, für die man sich interessiert.

472 Ich fühle mich aufgehoben

473 Ich fühle mit dir

Wenn wir mit jemandem mitfühlen, ist Zuhören allein manchmal nicht genug. Wir möchten die Distanz überbrücken und durch Auflegen unserer Hand die Sicherheit einer körperlichen Berührung schenken.

Bist du dir ganz sicher?

ES HEISST OFT, MAN KÖNNE NICHT ALLES GLAUBEN, WAS GESAGT WIRD.

Durch unsere Körpersprache kann man auf viele Arten und mit unterschiedlichen Signalen zu verstehen geben, ob jemand überzeugt hat oder nicht … Hüten Sie sich aber davor, aufgrund eines einzigen Signals vorschnell anzunehmen, man wolle Ihnen etwas vormachen.

NACHDENKEN UND ABWÄGEN

WIR KÖNNEN UNS NICHT IMMER SOFORT FESTLEGEN; OFT BENÖTIGEN WIR ERST ETWAS ZEIT, UM DIE VERSCHIEDENEN ASPEKTE ABZUWÄGEN UND UNS UNSERE EIGENE MEINUNG ZU BILDEN.

474 Lass mich überlegen

Die klassische Denkerpose, wie wir sie von Rodins Statue „Der Denker“ kennen, zeigt, dass jemand verschiedene Möglichkeiten gegeneinander abwägt. Wird die Haltung aufgelöst, ist oft eine Entscheidung gefallen.

475 Weiß nicht

Als wollten wir unser Gehirn zur Aktivität anregen, zeigt das Kratzen am Kopf, dass wir über etwas unschlüssig sind.

476

Ich entscheide darüber

Die abwägende „Kirchturm"-Geste der Hände vermittelt Selbstvertrauen, Kontrolle und Überlegenheit. Sie sollte mit Bedacht angewandt werden, denn sie kann schnell arrogant wirken.

477

Ein Wort dazu …

Während die fest ineinander verschränkten Finger deutlich machen, dass der Sprecher sich zurückhält, signalisieren die ausgestreckten Zeigefinger, dass er eine Anmerkung machen möchte.

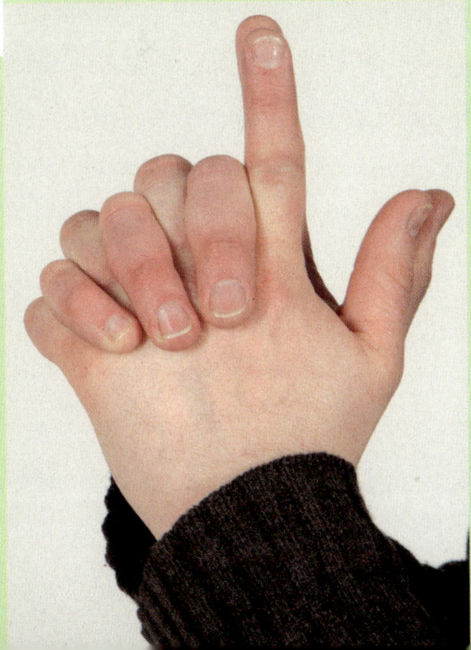

478

Ich gebe den Weg vor

In nicht religiösem Kontext vermitteln die geschlossenen Hände und die verdeckten Handflächen, dass jemand die Richtung vorgeben möchte und wenig aufgeschlossen ist. Diese Person hört Ihnen wahrscheinlich nicht zu.

479

Ich denke noch

Dies ist eine weitere klassische Denkerpose. Wahrscheinlich hört diese Person noch zu, während sie sich gleichzeitig schon ihr Urteil bildet.

480

Lass mich sehen

Wenn wir etwas genau ansehen, blinzeln wir, um das kleinste Detail zu erfassen. Auf dieselbe Weise sehen wir etwas lange an, um auch das auf den ersten Blick nicht Sichtbare zu erfassen.

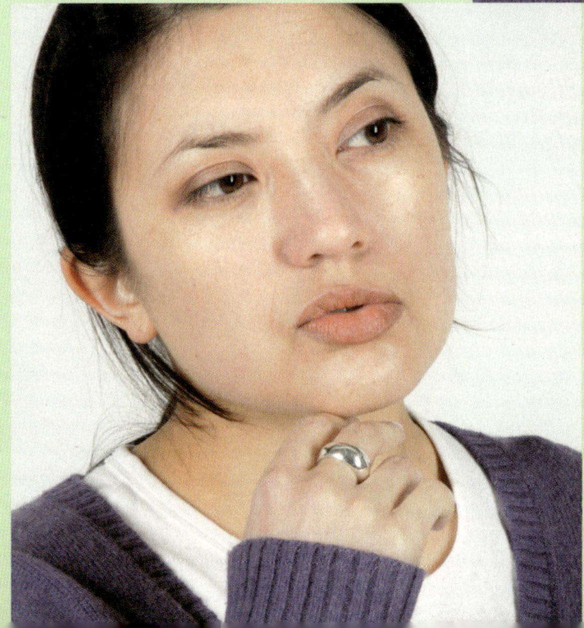

481

Ich überdenke es

Wenn wir über eine Sache noch einmal in Ruhe nachdenken möchten, streicheln wir sanft mit der Rückseite der Finger unser Kinn.

482

Ich schätze das ein

Wenn jemand skeptisch über unsere Worte nachdenkt, wird er wie zur Verteidigung den Kopf nach vorne neigen, um seine Kehle zu schützen. Akzeptiert er unsere Worte, hebt er den Kopf, lehnt er sie ab, blickt er weg.

483

Entweder – oder

Wiegt man den Kopf von einer Seite zur anderen, scheint es, als wolle man verschiedene Blickwinkel einnehmen. Man ist dabei, sich zwischen zwei Möglichkeiten zu entscheiden.

484

Ich muss nachdenken

Man schürzt die Lippen, wenn man eine Sache einschätzt. Oft werden gleichzeitig die Brauen gerunzelt und der Blick nach oben gerichtet – als suche man dort eine Antwort.

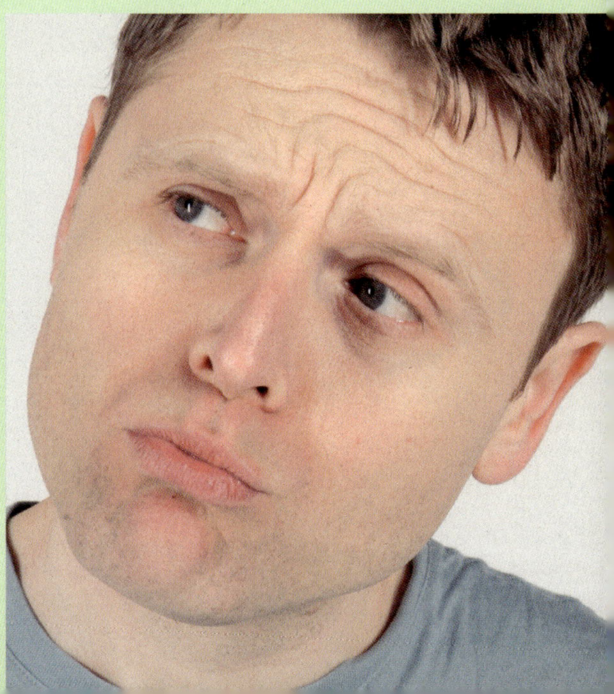

ZEIT GEWINNEN

WEM IST ES NICHT SCHON EINMAL SO GEGANGEN: WIR MUSSTEN ZEIT GEWINNEN, UM EIN UNANGENEHMES THEMA ANZUSPRECHEN ODER UM UNS AUS EINER SCHWIERIGEN SITUATION ZU BEFREIEN.

Hmmmm ... 485

Auch wenn kein Fussel zu sehen ist, suchen wir unseren Pullover danach ab. Eine gute Möglichkeit, Zeit zu gewinnen, während man sich eine passende Antwort überlegt. Vielleicht möchte man aber auch seine Schüchternheit überspielen.

486 Nun ...

Wenn keine Aktivität und kein Objekt Ihre Aufmerksamkeit auf sich zieht, bringen Sie das denkbar einfachste Ablenkungsmanöver zwischen sich und die Person, die Ihnen unangenehme Fragen stellt: Sie untersuchen Ihre Fingernägel und hoffen, etwas Aufmerksamkeit auf Ihre Hände ablenken zu können, während Sie verzweifelt eine Anwort suchen ...

487 Äh ...

Eine Brille ist ein ideales Hilfsmittel, um Nervosität abzubauen. Ob sie gereinigt werden muss oder nicht – durch das Putzen der Brillengläser gewinnen Sie einige wertvolle Augenblicke, in denen Sie Ihren Aktionsplan festlegen können.

488 Wie soll ich das tun ...

Das Zurechtrücken der Brille: Sucht man eine Aufgabe und nicht eine Antwort auf eine Frage, so ist ein Brillenträger mit seinem Accessoire klar im Vorteil.

489

Etwas im Auge

Geben Sie vor, etwas im Auge zu haben, können Sie nicht nur wertvolle Sekunden gewinnen (wie durch Räuspern), sondern Sie durchbrechen auch den Augenkontakt zu Ihrem Gesprächspartner und mindern den Druck, antworten zu müssen!

MÖGLICHE LÜGENDETEKTOREN

DIE NACHFOLGEND VORGESTELLTEN SIGNALE GEBEN ZU DER VERMUTUNG ANLASS, DASS DER SPRECHER LÜGT. ES GIBT ZWAR KEINE WASSERDICHTEN KÖRPERSPRACHLICHEN LÜGENDETEKTOREN, ABER MANCHE SIGNALE KÖNNEN NÜTZLICHE HINWEISE GEBEN. ACHTEN SIE IMMER AUCH AUF DEN KONTEXT.

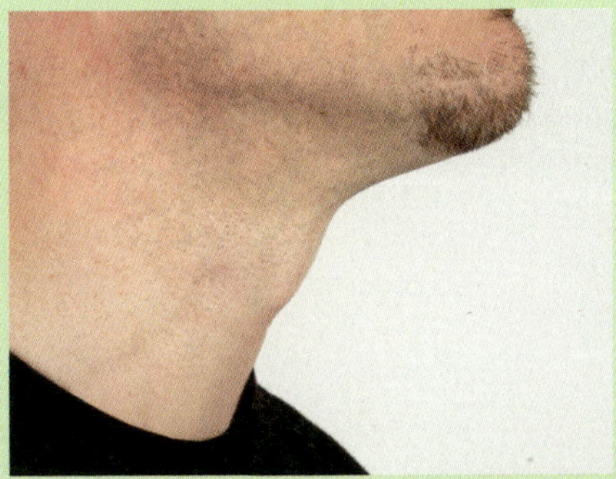

490

Nervöses Schlucken, bei Männern wegen des Adamsapfels leichter erkennbar als bei Frauen, kann auf erhöhte Nervosität hindeuten – vielleicht wird Ihnen ja etwas Wichtiges verschwiegen?

Ich bin mir meiner Worte nicht sicher

491 Schon zu viel gesagt

Halten wir uns mitten im Sprechen den Mund zu, scheint es, als wollten wir uns davon abhalten, die Unwahrheit zu sagen. Eine solche Geste wird leicht so verstanden, dass jemand bewusst getäuscht werden soll, oder dass der Sprecher bereut, was er gesagt hat.

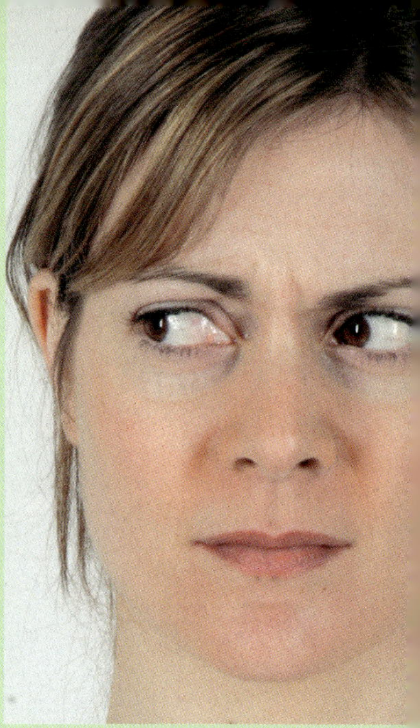

492

Ich sehe dich ungern an, während ich das sage

Menschen mit verschlagenem Blick trauen wir nicht. Besonders auffällig ist es, wenn jemand die Augen in einem Moment abwendet, in dem der Augenkontakt am intensivsten sein sollte. Manchmal wählen Lügner auch die entgegengesetzte Strategie und übertreiben den Augenkontakt: Anstelle eines natürlichen Blickwechsels zu Beginn und am Ende ihrer Aussage starren sie ihren Gesprächspartner an.

493

Reiben wir uns die Augen, möchten wir wohl verhindern, dass uns der andere in die Augen blickt und uns „entschlüsselt“.

Du sollst mich nicht überführen

Meine Augen könnten mich verraten

494

Wie beim Reiben der Augen verdecken wir mit dieser Geste unseren Blick, wenn auch nur kurz. Unsere Absicht ist dieselbe – unsere Augen sollen nicht verraten, dass wir lügen.

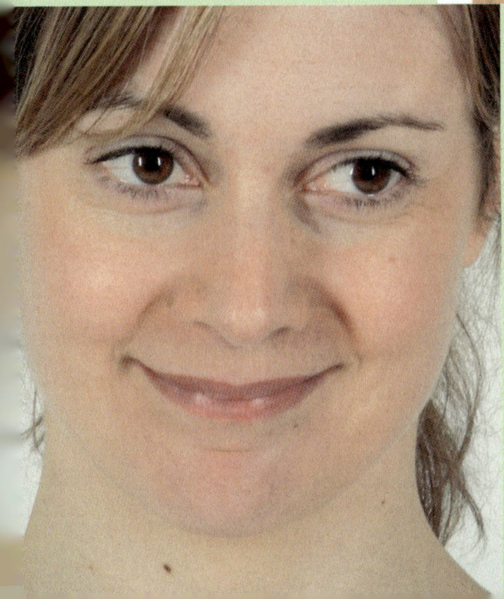

495

Lächelnd lügen

Ein falsches Lächeln erkennen wir über Meilen hinweg – der Mund lächelt, aber die obere Gesichtshälfte bleibt unbewegt und die Augen blicken leer.

496 Das macht mich nervös

Die Nasenberührung – sie ist uns noch gut von Clinton in der Lewinsky-Affäre in Erinnerung – ist eine ähnliche Geste wie das Verdecken des Mundes. Die Hand wird erhoben, um den Mund zu verdecken, berührt aber stattdessen die Nase.

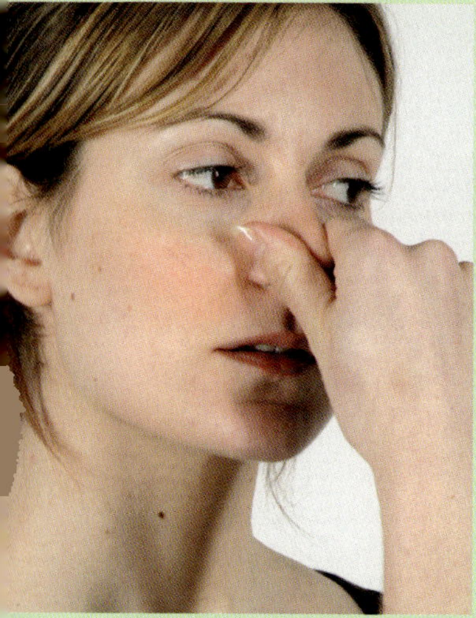

497

Wenn wir mit der Wahrheit sparsam umgehen, fassen wir uns ständig ins Gesicht, wie hier an die Nase.

Was ich sage, ist mir unangenehm

498 Meine Hände reden zu viel

Der Zoologe und Verhaltensforscher Desmond Morris hat nachgewiesen, dass sich die Anzahl der Gesten bei Menschen reduziert, wenn sie lügen. Vielleicht könnten ihre Hände sie verraten?

499 Ich mag keine Lüge hören

Wie wir unseren Mund bedecken, damit er keine Lügen äußert, versuchen wir auch unsere Ohren zu verschließen, damit sie keine Lügen hören. Anstatt sie uns ganz zuzuhalten, zupfen wir nur am Ohrläppchen.

500 Glaub mir doch!

Beim Lügen werden sehr häufig die Hände erhoben. Der Sprecher bemüht sich vielleicht mit dieser Geste, besonders glaubwürdig zu wirken.

Index

Danksagung

Ohne die Unterstützung und das Wissen zahlreicher Menschen hätte dieses Buch nicht zustande kommen können. Ihnen allen möchte ich meinen Dank aussprechen. Sie haben mir, direkt oder indirekt, mit ihren Ideen, ihrer Inspiration, ihrer Hilfe oder ihrem Rat geholfen:

Victoria Alers-Hankey, Chris Stone, Guy Hearn, Desmond Morris, Albert Mehrabian, Richard Bandler, John Grinder, Paul Ekman, Virginia Satir, Geoffrey Beattie, Jill Danks, Jane Endacott, Scott Edgerton-Black, Saskia Martyn-David, Carmel Van Den Bergh, Anna Raine, Elissa Telfer, Tim Baynes, Neil Flett, Peter Rogen, Milton Erickson, Anthony Robbins, Herb Cohen, Phil Clucas.